福建省职业技能等级统一认定培训教材

电子商务师实训教程

（三、四级）

指导单位：福建省企业经营管理者评价推荐中心

主　　编：郑明明　林以琳　郑　芳

厦门大学出版社　国家一级出版社
XIAMEN UNIVERSITY PRESS　全国百佳图书出版单位

图书在版编目（CIP）数据

电子商务师实训教程：三、四级 / 郑明明等主编
. -- 厦门：厦门大学出版社，2023.2
ISBN 978-7-5615-8801-7

Ⅰ．①电… Ⅱ．①郑… Ⅲ．①电子商务－技术培训－
教材 Ⅳ．①F713.36

中国版本图书馆CIP数据核字(2022)第189697号

出 版 人	郑文礼
责任编辑	姚五民
美术编辑	李夏凌

出版发行　厦门大学出版社

社　　址	厦门市软件园二期望海路 39 号
邮政编码	361008
总　　机	0592-2181111　0592-2181406(传真)
营销中心	0592-2184458　0592-2181365
网　　址	http://www.xmupress.com
邮　　箱	xmup@xmupress.com
印　　刷	厦门市明亮彩印有限公司

开本	889 mm×1 194 mm　1/16
印张	20
字数	436 千字
版次	2023 年 2 月第 1 版
印次	2023 年 2 月第 1 次印刷
定价	66.00 元

厦门大学出版社
微信二维码

厦门大学出版社
微博二维码

更多资料，请扫二维码

编委会

||||| 前 言

"电子商务师"系列教材是在大数据、人工智能、云计算等新技术的推动下，将电商运营的最新理念与工作实践相结合重构电商运营岗位群工作的知识与技能体系。本书根据《电子商务师国家职业技能标准》（四级、三级）内容编写，实操教材共分为六个工作领域，分别从产品及服务信息管理、线上店铺设计与装修、营销推广、业务处理、客户服务及商务数据分析领域针对性地设置了典型工作任务。在编写过程中，通过挖掘与电商运营相关的岗位招聘需求，用自然语言处理技术提炼岗位知识和技能，并通过调研阿里巴巴、京东、字节跳动等行业龙头企业形成第一手素材。本书具有如下鲜明特色：

1. 体现课程思政特色，落实立德树人根本任务

本书在编写中以践行社会主义核心价值观为基本原则，通过加入素养目标和德技并修等特色栏目，挖掘思政元素，将人才技能培养与价值观养成并重，充分体现了社会主义核心价值观的内涵。

2. 以标准为引领，推进"三教"改革理念落地

本书依据2022年《电子商务师国家职业技能标准》，采用理实一体化设计的内容编排方式，融入模块化教学、任务式教学和案例式教学，全方位助力教师教学水平提升，进一步推进了"三教"改革落地。

3. 融入新技术、新工艺、新规范和新要求，突出核心知识和技能培养

本书将电商行业的新技术、新工艺、新规范及对人才培养提出的新要求，有机融入理论课程体系和实操任务体系中，强化了职业技能、知识和素养，拓展了职业领域和职业能力。

4. 资源丰富，形式多元化，形成线上线下融合的新形态一体化教材

本书配套开发有在线开放课程、教学课件、微课、动画、习题答案等类型丰富的数字化教学资源，精选其中具有典型性和实用性的优质资源与职业技能测试练习，在教材中以二维码方式进行了标注，供读者即扫即学。

本书的编写立足于岗位需要，内容全面，案例新颖，重点突出，具有较强的实用性，既可作为高等职业教育专科、本科，应用型本科及中等职业教育相关专业的教材，也可作为电子商务师职业技能等级证书的培训教材，还可作为电子商务运营和新媒体从业人员的自学用书。

在本书的编写过程中，编写团队参阅了大量文献和报告，并得到了福建省企业经营管理者评价推荐中心、厦门大学出版社的精心指导和大力支持，在此对各位专家、老师的辛勤工作表示衷心感谢！

由于电子商务行业发展具有较强的前瞻性和时效性，加之编写时间及作者水平有限，书中难免存在不足之处，恳请广大读者批评指正，以使本书日臻完善。

国以才立、政以才治、业以才兴。党的二十大报告提出要加快建设网络强国、数字中国，发展数字经济，促进数字经济和实体经济的深度融合，这为我国电子商务产业发展，尤其是电商人才培养指明了方向。为培育更多电商人才，福建省在全国率先开展电商人才技能评价。希望读者通过学习教材，能够领会二十大精神，为建设网络强国、数字中国贡献自己的力量。

编者

2022年12月

目 录

第二部分　三级部分

第一部分

四级部分

工作领域一　产品及服务信息管理

工作任务一　文字资料采编

任务1-1　热点话题捕捉

任务目标

◆ 学员通过本任务的操作，掌握农产品短视频脚本制作的能力。

任务背景

农产品短视频的拍摄离不开脚本的指导，其主要作用是统领全局，确定短视频内容的整体框架和要点规划，指导短视频的拍摄过程和后期剪辑，从而提高短视频的拍摄效率和拍摄质量。某农产品企业运营经理在本月初制订了农产品短视频营销方案，并安排小周负责最近一期的剧情类短视频脚本制作的工作，为接下来的农产品短视频拍摄奠定基础。

任务操作

农产品短视频脚本制作时，参照如下步骤进行操作：

步骤1：明确目标。

短视频脚本主要分为文学脚本、拍摄提纲和分镜头脚本三类，文学脚本是短视频制作所依据的文字材料，拍摄提纲适用于不易预测的场景拍摄，分镜头脚本适用于故事性强的短视频。根据"任务背景"可知，小周需要完成最近一期的剧情类短视频脚本的制作，至少应包含文学脚本和分镜头脚本。

步骤2:了解农产品短视频营销方案。

请阅读表1-1-1内容,了解运营经理制订的农产品短视频营销方案,熟悉产品并明确营销需求。

表1-1-1　农产品短视频营销方案

产品名	饶河黑蜂椴树蜜
品牌名	百花园
产品信息	配料:椴树蜜原蜜 产地:黑龙江省饶河县 净含量:480g 保质期:24个月 食用方法:直接食用、温水冲服或佐餐食用 温馨提示:温度低于15℃易结晶,不影响产品质量 注意事项:1岁以下婴儿不宜食用,糖尿病等患者遵从医嘱
价格信息	42元/罐,单罐包邮
产品介绍	本产品产自黑龙江省饶河东北黑蜂自然保护区,蜜源植物分布于森林腹地,远离人烟,远离农药、重金属污染。椴树蜂蜜花期短、产量少,清朝时曾被指定为皇家贡品,形如凝脂、质地丝滑、口感清新甜润、香气四溢,营养丰富,有很好的滋补以及调理的作用。百花园采用德国工艺,保持原蜜口味和营养。
适宜人群	上班一族、爱美女士、养生老人、饮酒人群、成长儿童
搭配推荐	蜂蜜牛奶、蜂蜜柠檬、蜂蜜果蔬汁、蜂蜜水果沙拉、蜂蜜面包、蜂蜜鸡翅
短视频投放平台	抖音、快手、微信视频号
营销目标	1. 吸引用户关注,积累忠实粉丝,增加私域流量 2. 提升品牌知名度 3. 引导客户购买
营销原则	长线营销思维、贯穿品牌理念、内容风格统一
内容要求	1. 原创 2. 剧情类,故事性强,有吸引力 3. 与品牌、产品相结合,自然、真诚 4. 正面、积极向上 5. 时间控制在60s以内

步骤3:内容策划。

根据农产品短视频营销方案,自行选题,建立故事框架,确定角色、场景及与产品的关联事件,然后构思出短视频主要的内容和剧情,设定类似于反转、冲突等比较有亮点的情节,突出主题,请将结果填写至表1-1-2中。

表1-1-2 内容策划表

短视频定位	剧情短片
拍摄地点	
故事角色	
场景描述	
剧情简述	
其他说明	

步骤4：文学脚本创作。

对已构思完成的短视频内容按拍摄思路进行整理，并通过文学加工，以文字叙述的形式进行表达，请将结果填写至表1-1-3中。

表1-1-3 文学脚本

步骤5：分镜头脚本创作。

根据文学脚本，将其细分至每一个画面，包括每一个镜头的长短、景别的选择，人物的台词、动作及情绪的变化，以及道具、音乐、特效等，请将完整内容填写至表1-1-4中。

要求：

（1）分镜头时长根据具体情节控制在3～10s，总时长控制在60s以内。

（2）按剪辑顺序排列镜号，可对文学脚本进行小幅度的二次加工。

（3）产品出镜至少15s，特写镜头至少2次。

（4）要有产品介绍，具体根据故事内容自行安排，但要包括品牌，突出德国工艺和七重品控。

（5）要有引导（购买或关注）。

表1-1-4 分镜头脚本

镜号	景别	长度	画面	台词	音乐音效	备注
1						
2						
3						
4						
5						

续表

镜号	景别	长度	画面	台词	音乐音效	备注
6						
7						
8						
9						

任务思考

查看微博热搜，通过热点风险性和相关性来分析，列举哪些热点不适合做直播，并说明理由。

_____

_____

_____

_____

任务1-2　农产品电商文案标题撰写

任务目标

◆ 学员通过本任务的操作，掌握农产品电子商务文案标题撰写的能力。

任务背景

某电子商务公司主要经营国内时令水果，10月初第一批洛川苹果红富士成熟，运营人员小王接到上级领导的工作安排，负责该商品的上架与维护。小王现在需要根据产品特性及卖点，进行电子商务文案标题撰写。

任务操作

农产品电子商务文案标题撰写，参照如下步骤进行操作：

步骤1：根据电子商务平台发布要求采集商品信息。

请阅读表1-1-5和表1-1-6内容，了解商品基本信息和销售信息。

表1-1-5　商品基本信息

重量 / 千克	果径（尺寸）/ mm	拼单价（2人）/ 元	单买价 / 元	库存
2.5	80（含）～85（不含）	49.8	59.8	200
2.5	85（含）～90（不含）	54.8	64.8	200
2.5	90（含）～95（不含）	59.8	69.8	200
5	80（含）～85（不含）	95.9	105.9	200
5	85（含）～90（不含）	99.9	109.9	200
5	90（含）～95（不含）	109.9	119.9	200
运费	全国顺丰包邮（港澳台除外，不配送）			

表1-1-6　商品销售信息

品牌	秦香	售卖方式	单品
厂名	陕西秦香厂	特产品类	洛川苹果
厂址	陕西省延安市洛川县东大路1号	水果种类	红富士
联系方式	0911-3434556	热卖时间	全年
质保期	7天	重量	2.5千克、5千克
产地	中国	储存温度	0～8℃
省份	陕西	苹果果径	80mm（含）～85mm（不含） 85mm（含）～90mm（不含） 90mm（含）～95mm（不含）
城市	延安	发货时间	48小时内
是否有机	否	承诺	现摘现发，坏果包赔
包装方式	包装	注意	生鲜商品不支持7天无理由退货

步骤2：关键词获取。

在平台搜索不同类目的商品关键词，可以发现商品标题一般是由核心词、属性词、长尾词和促销词构成的。结合给定的企业背景，通过系统推荐、搜索下拉框或电商平台数据中心提供的类目关键词搜索指数排行等渠道，搜索商品关键词。

（1）核心词确认。

卖家要选一个好的核心词，这样才能将商品的流量集中。核心词一般包含产品词、类目词、品牌词和二级词。卖家在撰写标题时，应该从买家的角度考虑，比如选择类目词时，卖家可以参考各电商平台首页的类目划分。请将表1-1-7中的"核心词"补充完整。

（2）属性词确认。

属性词是与商品属性相对的词语，能够说明商品的尺寸、色彩、质地等相关的商品信息，让用户在搜索商品时，尽可能准确定位到商品的关键词。卖家在确定属性词时，一方面可以参考商品本身的信息，另一方面可以参考发布商品时官方需要填写的宝贝属性信息。请将表1-1-7中的"属性词"补充完整。

（3）长尾词确认。

长尾关键词指非目标关键词但也可以带来用户搜索流量的关键词，这类词的搜索精准度比较高。长尾关键词需要根据竞争对手和客户群体分析，分析这个产品的用户群搜索习惯、会搜什么样的词、会怎么搜等。长尾关键词一般可以通过搜索下拉框、相关搜索、关键词推荐、参考同行 Top 商品、直通车系统推荐词、生意参谋、直通车词表等方式获得。请将表1-1-7中的"长尾词"补充完整。

（4）促销词确认。

促销词是指与网店活动相关，能够吸引刺激用户产生购买的词，如包邮、特价、火爆热卖、限时打折等。请将表1-1-7中的"促销词"补充完整。

表1-1-7　关键词表

核心词	产品词	
	类目词	
	品牌词	
	二级词	
属性词		
长尾词		
促销词		

步骤3：农产品电子商务文案标题撰写。

参照表1-1-7中已完成的关键词，根据"核心关键词＋修饰词＋类目词＋属性词＋促销词"的组词规则，和消费者阅读习惯对关键词进行组合，编写商品标题。

任务思考

查看百度搜索指数，通过热点风险性和相关性来分析，列举哪些热词不适合用于电商文案标题，并说明理由。

_____

_____

_____

_____

工作任务二 图片拍摄与处理

任务2-1 制订网店商品图片拍摄方案

任务目标

◆ 学员通过本任务的操作，掌握规划网店商品图片拍摄规划的能力。

任务背景

某电子商务公司主要经营箱包，现推出新款女式单肩包，公司员工小李接到上级领导的工作安排，负责新款女式单肩包的图片拍摄与处理。小王现在需要先制订女式单肩包的网店图片拍摄方案。

任务操作

制订女式单肩包的图片拍摄方案时，参照如下步骤进行操作：

步骤1：全面了解该单肩包。

要对该新款女式单肩包的材质、工艺、款式、颜色、设计语言、功能和包装等信息进行全方位的了解和分析。

该单肩包工艺精细、款式时尚、颜色鲜艳，包身材质为亚光聚氨酯皮料，如图1-2-1所示。

步骤2：确定拍摄风格。

首先根据商品的材质、工艺、款式、功能和外观等，结合商品目标受众特征，确定商品的整体拍摄风格（如时尚、浪漫、唯美、文艺、清新等风格），然后与策划或运营等工作人员商定，进而通过该单肩包的布景、主

图1-2-1 新款女式单肩包

体的构图、道具的搭配、灯光的布局和后期处理等展现。

步骤3：制订拍摄方案。

（1）确定拍摄内容。

计划好拍摄内容需完整、周密，防止遗漏拍摄内容带来的二次拍摄，耗费人力、物力。拍摄该女式单肩包时不但需要考虑到各个方位的视角，还要有体现皮质的特写以及包内结构的展示，并计划好商品图片拍摄所使用的构图法，确定商品的拍摄张数、分配好商品套图的数量组合，包括主图数量、大图数量、小图数量、细节图数量等。

（2）明确拍摄步骤。

合理的拍摄顺序可以让整个拍摄工作顺畅、高效。可从场景最简单、最容易操作且最容易表现的方式开始，然后再进行搭配复杂、需要用辅助器材才能完成的拍摄，循序渐进。拍摄该女式单肩包时，可先拍摄白背景下的照片，再拍摄模特背着此款女式单肩包时的场景。

（3）准备拍摄器材。

拍摄者需要在开拍之前准备好拍摄中需用到的所有器材，除相机外，还需要根据室内或室外不同环境准备照明器材，室外拍摄需要准备反光板，室内拍摄需要准备静物台、柔光箱等辅助器材，如图1-2-2所示。

图1-2-2　拍摄辅助器材

（4）制作拍摄规划表。

拍摄者可以在拍摄前制定一份拍摄规划表。根据拍摄规划表拍摄，有助于明确拍摄方向并掌握好拍摄进度。请将女式单肩包拍摄规划填写在表1-2-1。

表1-2-1 女式单肩包拍摄规划表

商品名称								
商品信息								
拍摄风格								
拍摄内容	拍摄要求		拍摄环境		拍摄器材		拍摄张数	拍摄时间
	拍摄角度	拍摄高度	棚内	外景	器材	背景		
正面图								
背面图								
侧面图								
斜侧图								
底部图								
实物对比图								
尺寸对照图								
内部结构图								
商品包装图								
商品配件图								
局部特写图								
功能演示图								
模特展示图								

任务思考

在拍摄箱包类商品时，拍摄角度有何注意事项？

_____

_____

_____

任务2-2 拍摄女式单肩包

任务目标

◆ 学员通过本任务的操作，掌握拍摄和处理商品图片的能力。

任务背景

某电子商务公司主要经营箱包，现推出新款女式单肩包，公司员工小李接到上级领导的工作安排，负责新款女式单肩包的图片拍摄与处理。

任务操作

女式单肩包的图片拍摄与处理，参照如下步骤进行操作：

步骤1：确定拍摄技法。

（1）明确拍摄思路。

经过对该新款女式单肩包进行全方位了解，该单肩包工艺精细、款式时尚、颜色鲜艳，包身材质为亚光聚氨酯皮料，在此基础上选择单肩包某些重点部位进行展示，如图1-2-3所示。

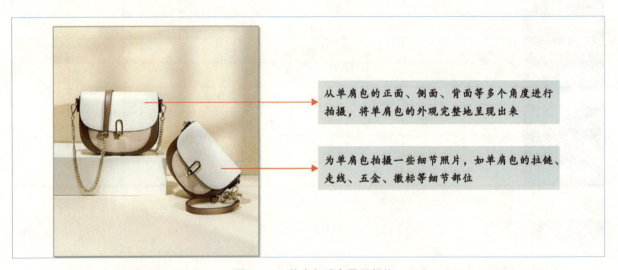

图1-2-3　单肩包重点展示部位

（2）备好拍摄器材。

准备并检查好拍摄器材及附件，如图1-2-4所示。

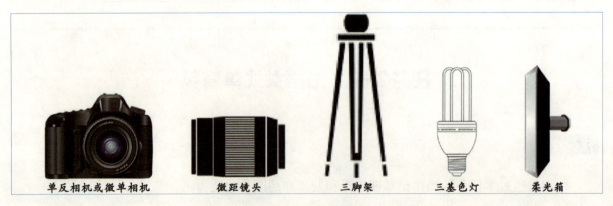

图1-2-4　拍摄器材

（3）采用环形布光法。

采用环形布光法，示意图如图1-2-5所示。

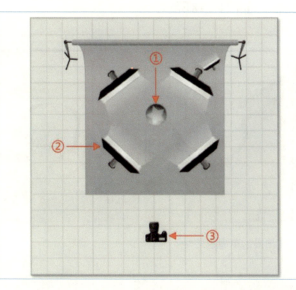

① 被摄主体——单肩包

② 主光——带有柔光箱的三基色灯

③ 相机

在布光上采用环形布光法，在单肩包正面的两侧分别放置两盏带有柔光箱的三基色灯，在单肩包背面靠近背景处的两侧也分别放置两盏带有柔光箱的三基色灯，最后另设一盏带有柔光箱的三基色灯用于照亮背景

图1-2-5 布光示意图

步骤2：试拍并确定曝光参数组合。

（1）试拍。

将灯光布置在较高位置并准备好单肩包后，进入试拍环节，先确定曝光参数组合。先将相机的拨盘调到Av模式或A模式（光圈优先模式），为了拍摄出细腻的画质，将感光度设置为ISO100，光圈设置为f/8，拍出样片后发现快门速度为1/50秒。画面轻微过曝，照片泛白，如图1-2-6所示。

（2）确定曝光参数组合。

快门速度会影响照片清晰度。为提高快门速度，采取提高感光度和调大光圈两种措施，最终决定将感光度更改为ISO200，快门速度提高到1/80秒。此时画面曝光较为正常。如图1-2-7所示。

图1-2-6 试拍画面轻微过曝

图1-2-7 画面曝光较为正常

步骤3：从多个角度拍摄表现单肩包的款式。

拍摄者从单肩包的正面、背面、侧面等多个角度进行拍摄，将单肩包的外观完整地展现出来，让消费者更加直观地了解单肩包的外观特征。如图1-2-8所示。

图1-2-8　从多个角度拍摄的单肩包照片

步骤4：拍摄单肩包细节。

这款单肩包本身的做工和质量都很不错，所以拍摄者要从细节入手，拍摄精美的照片来体现其品质。这些细节主要包括五金、拉链、材料质感、走线等，拍摄者需要使用微距镜头进行拍摄。

其中，拍摄者在拍摄五金、拉链时，拍摄角度要侧一些，以免金属映照出拍摄者或相机；在拍摄材料质感、走线时重在体现其细腻、精致，构图明确、拍摄清晰即可。如图1-2-9所示。

图1-2-9　单肩包细节的拍摄

步骤5：用参照物来展现单肩包的容量。

在展现单肩包的容量时，拍摄者可以用手机、平板电脑、钱包、雨伞等一些较小的、常见的物品作为参照物与单肩包形成对比，让消费者能够更加直观地感受单肩包的实际大小。如图1-2-10所示。

图1-2-10 用参照物来展现单肩包的容量

步骤6：拍摄单肩包内部结构。

打开单肩包的包盖，采用高机位大俯视角度拍摄，以推镜头的运镜方式拍摄单肩包的内部结构，展示主袋、证件袋、拉链暗袋等分层结构。如图1-2-11所示。

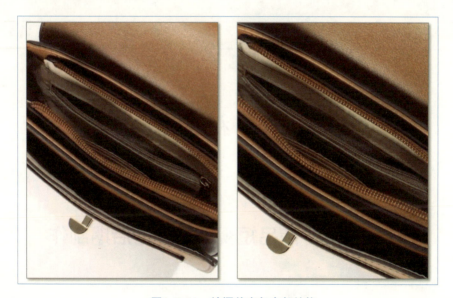

图1-2-11 拍摄单肩包内部结构

步骤7：拍摄模特展示图。

让模特分别背着大小两版单肩包在路边行走，展示模特背着单肩包走路的动态效果。如图1-2-12所示。

图1-2-12　模特展示背单肩包

任务思考

此款女式单肩包的图片拍摄使用了哪些构图法？还有哪些可行的构图法？请思考并实践。

_____

_____

_____

_____

▶ 工作任务三　视频拍摄与处理

任务3-1　商品短视频拍摄与后期制作

任务目标

◆ 学员通过本任务的操作，掌握商品短视频拍摄与后期制作的能力。

任务背景

某农产品企业运营经理安排小周制作完成了短视频脚本，经审核确定之后，将短视频拍摄工作交给了小马，要求根据分镜头脚本，完成商品短视频的拍摄与后期制作。

任务操作

商品短视频拍摄与后期制作时，参照如下步骤进行操作：

步骤1：熟悉短视频脚本内容。见表1-3-1、见表1-3-2。

表1-3-1 文学脚本

（1）某日清晨，阳光洒满整个房间，到处都弥漫着春日的气息，小雪刚刚起床，坐在床头发呆，此时妈妈已经为小雪准备好了丰盛又有营养的早餐。

（2）特写三明治和一杯泡好的蜂蜜水。

（3）全景跟拍小雪走出卧室，洗漱完后，坐到餐桌前。小雪看起来有些慵懒，先后拿起餐桌上的三明治和蜂蜜水。

（4）远景妈妈和小雪坐在餐桌前有说有笑。

（5）近景小雪喝了几口蜂蜜水，表情很惊喜，跟妈妈说："今天的蜂蜜水真的很好喝哦！口感清新甜润，香气四溢，我太喜欢啦！"

（6）近景妈妈拿起桌子旁边的百花园牌的饶河黑蜂椴树蜜，看着小雪，笑呵呵地回应："这是专门为你准备的，这杯蜂蜜水妈妈是用百花园牌的饶河黑蜂椴树蜜冲泡的，产自黑龙江省饶河东北黑蜂自然保护区，蜜源植物分布于森林腹地，远离人烟，远离农药、重金属污染。椴树蜂蜜花期短、产量少，清朝时曾被指定为皇家贡品。它不仅口感清新甜润、香气四溢，营养丰富，有很好的滋补以及调理的作用。百花园采用德国工艺，保持原蜜口味和营养。经过七重品控，无菌罐装，从蜜源到成品，严控每个环节，消除隐患，安全放心。你是女孩子，这个年纪开始发育了，喝了以后非常有助于消化，也有助于调理身体哦！"

（7）中景小雪拿过妈妈手中的蜂蜜，打开闻了闻，又尝了几小口，说道："哇！原来这款蜂蜜这么多营养，我以后要每天都喝一杯蜂蜜水，妈妈也要和我一起哦！"

（8）特写小雪手中的百香园饶河黑蜂椴树蜜。

表1-3-2 分镜头脚本

镜号	景别	长度	画面	台词	音乐音效	备注
1	远景	5s	某日清晨，阳光洒满整个房间，到处都弥漫着春日的暖阳。		小鸟叫。	
2	中景	5s	小雪刚刚起床，坐在床头发呆，此时妈妈已经为小雪准备好了丰盛又有营养的早餐。		小雪打哈欠；妈妈叫小雪吃早饭。	
3	全景	5s	小雪走出卧室，洗漱完后，坐到餐桌前。小雪看起来有些慵懒，先后拿起餐桌上的三明治和蜂蜜水。			
4	全景	5s	妈妈和小雪坐在餐桌前有说有笑。			
5	近景	5s	小雪喝了几口蜂蜜水，表情很惊喜，跟妈妈说：	今天的蜂蜜水真的很好喝哦！口感清新甜润，香气四溢，我太喜欢啦！		

续表

镜号	景别	长度	画面	台词	音乐音效	备注
6	近景＋特写	20s	妈妈拿起桌子旁边的百花园牌的饶河黑蜂椴树蜜，看着小雪，笑呵呵地回应：	这是专门为你准备的，这杯蜂蜜水妈妈是用百花园牌的饶河黑蜂椴树蜜冲泡的，产自黑龙江省饶河东北黑蜂自然保护区，蜜源植物分布于森林腹地，远离人烟，远离农药、重金属污染。椴树蜂蜜花期短、产量少，清朝时曾被指定为皇家贡品。它不仅口感清新甜润、香气四溢，营养丰富，有很好的滋补以及调理的作用。百花园采用德国工艺，保持原蜜口味和营养。经过七重品控，无菌罐装，从蜜源到成品，严控每个环节，消除隐患，安全放心。你是女孩子，这个年纪开始发育了，喝了以后非常有助于消化，也有助于调理身体哦！		
7	近景	10s	小雪拿过妈妈手中的蜂蜜，打开闻了闻，又尝了几小口，说道：	哇！原来这款蜂蜜这么多营养，我以后要每天都喝一杯蜂蜜水，妈妈也要和我一起哦！		
8	特写	5s	小雪手中的百香园饶河黑蜂椴树蜜。			

步骤2：拍摄准备。

结合以上的商品短视频拍摄素材，熟悉短视频的剧情内容，并做好拍摄前关于拍摄设备选择、演员就位、产品准备、道具安排、场景布置等准备工作，请将结果填写在表1-3-3中。

表1-3-3 商品短视频拍摄准备规划表

拍摄地点	
拍摄时间	
演员确认	
产品	
道具	
拍摄器材	
灯光设备	
辅助器材	
其他事项	

步骤3：拍摄执行。

根据分镜头脚本中镜号、景别、画面、台词的规划完成短视频拍摄，要求：

（1）按分镜头脚本的规划拍摄，不可过多即兴发挥。

（2）为保证视频内容有更流畅的效果，分镜头实际拍摄时长应当比脚本规划时长要长一些。

（3）综合使用推、拉、摇、移等运镜技巧，使画面更具张力。

步骤4：拍摄后检查。

分镜头拍摄完成后及时进行检查，包括画面质量及时长，确保符合要求且能够支撑后期的剪辑处理。如出现演员表现不佳、画面中的元素不符合要求，或是画面时长不够等情况，及时进行补拍。

步骤5：整理素材。

对拍摄完成的短视频按分镜头脚本的镜号进行编号命名。同时，通过网络搜寻并下载分镜头脚本中的音乐、音效等文件。

步骤6：选择并安装剪辑软件。

以剪映软件操作为例，剪映软件有剪映桌面端和剪映移动端之分，请根据自己的实际情况完成软件下载与安装。

步骤7：导入短视频素材。

点击"开始创作"，按顺序选择全部分镜头，点击"添加"导入已拍摄完成的视频素材，进入剪辑页面，如图1-3-1所示。

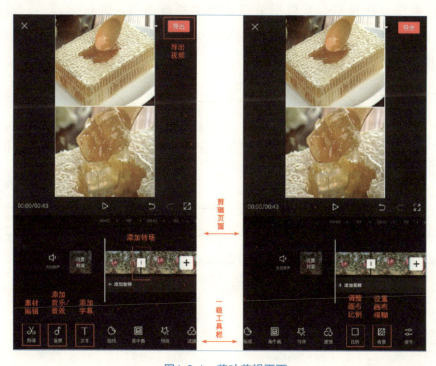

图1-3-1　剪映剪辑页面

步骤8：调整视频画布比例。

进入视频编辑界面后，在一级工具栏中选择"比例"，使用抖音匹配比例9：16。设置完成后，如果视频画面不能填充满整个画布，返回一级工具栏，点击"背景"—"画布模糊"。

步骤9：短视频素材编辑。

点击视频轴，依据分镜头脚本的设计对各分镜头素材进行编辑，包括但不限于调整时长、分割视频、调整顺序、删除、复制等操作。

步骤10：添加转场。

返回一级工具栏界面，在两段素材之间可添加合适的不同风格的转场效果，并修改转场时长，要求过渡自然符合情节发展。

步骤11：添加音乐／音效。

在音频轨道中点击"添加音频"，或在一级工具栏中点击"音频"，添加音乐／音效。可通过"音乐"—"导入音乐"—"本地音乐"上传已准备好的音乐／音效文件，也可在剪映的音乐／音效库中查找对应的内容。添加完成后，在音频轨道中拖动将其调整到合适的位置。

步骤12：添加字幕。

返回一级工具栏界面选择"文本"，通过"新建文本"或"识别字幕"等方式添加字幕，调整字幕位于屏幕正下方，系统字体、白色且无其他样式（字幕若与背景颜色无法区分时可自行调整字体颜色）。

步骤13：导出视频。

播放视频进行整体预览，并根据分镜头脚本检查内容，确认无误后，选择分辨率为1080P，帧率为30，点击"导出"按钮，将短视频成品保存至本地。注意，在视频导出过程中，不要锁屏或切换程序。

任务思考

请结合各大短视频营销平台的规则和特点，分析：对于不同营销平台而言，拍摄和制作短视频的侧重点有何不同。

_____

_____

_____

_____

任务3-2 商品短视频发布与推广

任务目标

◆ 学员通过本任务的操作，掌握在主流的短视频营销平台进行商品短视频发布与推广的能力。

任务背景

短视频制作完成后需要将短视频进行发布与推广，才能获取更多的流量，获得更好地转化。某农产品电商企业运营人员小周已将介绍黑蜂椴树蜜短视频拍摄剪辑完成，接下来，她需要选择视频发布平台，并对发布后的短视频进行推广。

任务操作

商品短视频发布与推广，参照如下步骤进行操作：

根据产品目标受众的特点选择目标受众比较集中的平台作为短视频发布平台，如抖音、快手、微博、腾讯视频等平台，本实训任务以抖音平台短视频发布为例。

步骤1：添加视频。

打开抖音平台，点击"添加视频"，如图1-3-2所示。

步骤2：编辑美化视频。

上传"视频"后，对视频进行简单处理、美化，如图1-3-3所示，在右侧的功能栏中，可以为视频添加滤镜、增强画质、配音变声、添加字幕等，在下方功能栏，可以为视频选择配乐、添加特效、添加文字、插入贴纸等。

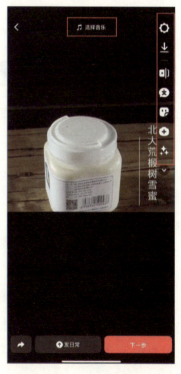

图1-3-2　添加视频　　　　图1-3-3　编辑美化视频

步骤3：设置发布信息。

视频美化完成后，点击屏幕右下角"下一步"的红色按钮，进入发布信息设置页面，如图1-3-4所示，设置所发布短视频的标题、封面、话题、@好友、位置、添加小程序、观看权限等基本信息，并将标题、封面及话题信息填入表1-3-4中。

图1-3-4　编辑发布信息

表1-3-4　视频发布基本信息

基本信息	内容
标题	
封面	
话题	

步骤4：发布视频。

发布信息设置完成后，点击右下角的"发布"按钮，完成视频内容的发布，发布之后，点击抖音App首页下方的"我"，在作品列表中就可以看到刚刚发布成功的短视频。

步骤5：制订短视频推广计划。

为了让制作好的短视频能够获得良好的展现，推广和优化是必不可少的，可以把短视频分享给抖音好友，转发到朋友圈、微信好友或者QQ空间，还可以把短视频保存到本地分享到短视频平台之外的渠道，如微信公众号、今日头条、喜马拉雅FM、哔哩哔哩等平台，如图1-3-5所示。

图1-3-5 分享视频

请完成短视频推广渠道的选择，并完成短视频推广计划制订，将结果填入表1-3-5中。

表1-3-5 短视频推广计划

推广渠道	渠道优势	发布时间	推广频率

步骤6：推广短视频。

根据已经筛选好的推广渠道、策划好的推广时间和频率，有计划地实施推广。

任务思考

请结合各大短视频营销平台的运营特色和目标受众特征，分析：对于不同营销平台而言，推广效果有何不同，并说明理由。

_____

_____

_____

_____

工作领域二　线上店铺设计与装修

工作任务一　网店首页制作

任务1-1　店招及导航栏设计与制作

店招就是店铺的招牌，也是网店品牌定位最直观的体现，是店铺给人的第一印象，鲜明而有特色的店招不仅能吸引用户的眼球，带来订单，同时起到品牌宣传的作用。

任务目标

◆ 能读懂客户反馈信息；
◆ 学会常见网店店招模板设计；
◆ 能根据客户反馈信息进行店招及导航栏设计；
◆ 能使用文字工具、形状工具、通道和蒙版等工具制作店招及导航栏。

任务背景

"俪人装"服装网店即将迎来夏季促销活动，现要求为其网店设计符合活动主题的店招。要求：（1）突出店铺品牌特色及活动信息。（2）配色符合优雅、浪漫的女装特点。（3）布局简洁大方，要与整个页面风格、色彩统一。同时，设计师与客户沟通后得到具体需求信息如表2-1-1所示。

表2-1-1 客户反馈信息表

信息	客户反馈
消费人群	25～35岁女青年
服装风格	柔和、优雅、浪漫
关键信息	新品、特价、59元起
广告版面	突出产品和关键信息
店招尺寸	宽为950像素，高为120像素
导航栏尺寸	宽为950像素，高为30像素
文案	简短，能放大购物欲望

任务操作

1. 设计思路分析

（1）网店店招以网店品牌为主，结合店铺的经营类目、店铺活动信息、总体特色等几个方面进行设计。

（2）整体构图以文字搭配图像，背景选取柔和优雅的鲜花图案为装饰，并根据配色要符合优雅、浪漫的女装特点的要求，字体选择白色、紫色为主色，体现知性的稳重感，同时用红色突出活动信息放大买家购买欲望。

（3）清晰明了的导航栏，把流量合理地分配给主推的页面或商品页面，引导用户找到合适的产品。

（4）新品、特价力度是消费的关注点，因此在店招中加入这些文案。

2. 网店店招的设计

（1）启动 PhotoshopCS6，新建一个950像素×150像素的空白文档，名称为"服装网店及店招"，背景填充白色，调出标尺并新建及锁定参考线在水平120像素的位置，打开"网店服装 logo.jpg"及"装饰1"素材图像文件，将其移动到图像上，效果如图2-1-1所示。

图2-1-1 店招背景图

（2）新建图层，使用工具箱中的"矩形选框"工具，绘制矩形选区，并填充深紫色，选择文字工具，输入文字，效果如图2-1-2所示。

图2-1-2　店招效果图

（3）使用工具箱中的"圆角矩形"工具，绘制如图所示图形选区，填充颜色：#99171d，效果如图2-1-3所示。

图2-1-3　添加关注效果图

3.网店导航的设计

（1）新建图层，根据参考线，绘制一个矩形选区，填 #d4bcd6 色，并用椭圆工具按住"Shift"键，绘制正圆输入文字，效果如图2-1-4所示。

图2-1-4　导航栏

（2）新建图层绘制矩形选区，并填充颜色 #96539a，及绘制正圆，效果如图2-1-5所示。

图2-1-5　店招及导航栏效果图

任务思考

店招的内容设计可根据网店的具体情况，做到核心信息告知，引起并放大买家的购物欲望。网店店招在内容上，除了店铺名、店铺 logo 外，还可包含哪些信息？

_____

_____

_____

_____

任务1-2　Banner广告及侧栏广告设计

本任务重点围绕网店的 Banner 和侧栏广告设计制作展开学习。Banner 和侧栏广告是网店最为突出的宣传和展示载体，是吸引消费者眼球和传达网店产品信息的重要视觉传播途径。Banner 广告一般是指横向的横幅广告（图2-1-6），侧栏广告一般指网页侧边纵向的纵幅广告（图2-1-7），两者有时结合使用，有时只出现 Banner 广告。本项目将为服装和食品种类网店制作 Banner 广告和侧栏广告，这两种产品类型在网店中具有一定的普遍性和代表性。

图2-1-6　Banner广告

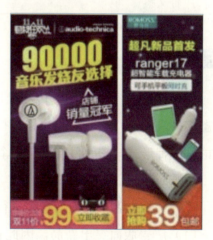

图2-1-7　侧栏广告

任务目标

◆ 能读懂客户反馈信息；

◆ 能根据客户反馈信息进行广告版面设计；

◆ 能结合广告内容和客户反馈信息提炼出广告语；

◆ 能使用形状工具绘制辅助图形。

任务背景

本任务是为新款服装制作 Banner 广告以及侧栏广告,两者内容基本相同,只是尺寸和版式不一,在本任务中将学习 Banner 广告和侧栏广告相类似的素材互相转换的技巧。在制作过程中主要用到大量的形状绘制工具和颜色填充的方法,使用图层样式丰富画面增添细节。

某服装网店在换季阶段将发售新款连衣裙,为了配合新品的上市,现需制作网店 Banner 广告和侧栏广告以期扩大宣传和推广。设计师与客户沟通后得到以下需求信息,见表2-1-2。

表2-1-2 客户反馈信息表

信 息	客户反馈
消费人群	25~35岁女青年
服装风格	柔和、优雅、浪漫
关键信息	新品、特价、6折起
广告版面	突出产品和关键信息
Banner 广告尺寸	宽为1920像素,高为600像素
侧栏广告尺寸	宽为190像素,高为500像素
广告文案	简短,有季节特点,能引起共鸣

任务操作

广告是一种很古老的宣传和推广手段。网页媒体上的产品广告,从表现形式上主要分为静态广告和动态广告。静态广告即画面没有动画效果的广告,动态广告即有动画效果的广告。无论是哪种形式,它的目的只有一个,就是宣传和推销产品,将产品广而告之。

步骤1:设计思路分析。

设计师针对客户反馈信息表进行设计思路分析:

(1)广告版面突出新品,因此背景比较简单,广告语字号大,对比较强,产品图采用不同角度,大小相结合,加强效果。

(2)根据消费人群以及产品的风格特点,在背景配色上选用优雅、浪漫的搭配,选择紫色为背景主色,从中心到四周成浅深渐变过渡,既统一又不失变化。

(3)在单一的背景上添加少许的装饰图案,以蝴蝶、叶子图形为辅助,起到协调和装饰画面的效果;热气球的装饰灵感主要来源于服装本身的图案特点。

(4)在广告口号上,根据简短、应节的要求,最终选用"秋装新品引领潮流",这样能引起消费者对潮流的憧憬,从而激发其购买欲望。

（5）新品、特价、打折是消费的关注点，因此在广告中应加入这些文案。

步骤2：Banner广告操作实施。

（1）新建文档，如图2-1-8所示。

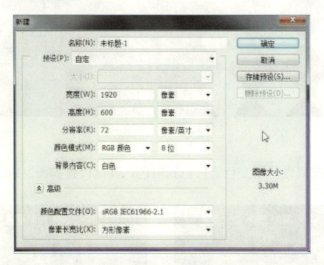

图2-1-8 新建文档

（2）填充背景，如图2-1-9所示。

图2-1-9 填充背景

（3）绘制拼贴图形。

①选择自定形状工具，在属性栏上选中"拼贴4"，如图2-1-10。

图2-1-10 拼贴图

②在画面左侧上，按住键盘上的"Shift"键绘制"拼贴4"形状，效果如图2-1-11所示。

图2-1-11　拼贴图

③设置形状的填充属性，渐变色为白色到白色，其他设置如图2-1-12所示。

图2-1-12　形状的填充属性

④设置阴影，如图2-1-13所示。

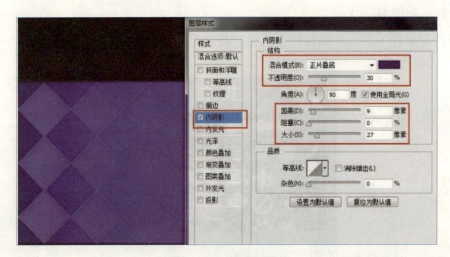

图2-1-13　设置阴影

⑤复制形状，垂直翻转到右侧，如图2-1-14所示。

图2-1-14　翻转

（4）绘制其他图案。

①选中"三叶草"，在画面右下角绘制，如图2-1-15所示。

②设置形状的填充方式为渐变，如图2-1-16所示。

图2-1-15　绘制图案

图2-1-16　渐变填充

③使用同样方法，绘制另一个"三叶草"图案，

④使用同样的方法，绘制并设置"蝴蝶"形状的填充，如图2-1-17所示。

图2-1-17　形状填充

⑤将素材"热气球"拖到画中，如图2-1-18所示。

图2-1-18　添加气球

（5）导入人物素材。

①打开"模特1"素材，并抠图，如图2-1-19所示。

图2-1-19　导入人物素材

②选中模特图层，设置投影如图2-1-20所示。

图2-1-20　设置投影

使用同样的方法，将模特2抠出放到广告画面中，如图2-1-21所示。

图2-1-21 抠图

（6）输入广告语。

Banner广告最终效果如图2-1-22所示。

图2-1-22 广告最终效果

任务1-3 产品主辅图设计

本任务重点围绕产品主辅图的设计制作展开学习。在淘宝的宝贝详情页中，最重要且最先吸引买家的就是产品的主辅图。主图展示的是产品的主要信息，辅图是对主图的补充，可以从不同的角度进一步展示产品的更多信息。不同类目的产品展示的内容也各不相同，好的宝贝主图除了要展示产品的相关信息之外，更重要的是要能够吸引顾客，让顾客产生购买行为，并能够提高买家的回头率。所以说主图是影响流量的最大因素，同时也是除价格之外影响点击率的重要因素之一。

任务目标

◆ 明确主辅图的作用，掌握主辅图的设计原则。

◆ 能够根据产品特点，兼顾客户的意愿，灵活地选片，并使用文字工具辅助完成主辅图的制作。

◆ 培养学生独立思考、大胆创新、认真操作的学习习惯。

◆ 锻炼学生与客户的沟通能力，使学生学会聆听，在交流过程中既能保证遵守行业标准，又能达到客户满意的效果。

任务背景

在本任务中，我们主要是对服装类网店的主辅图进行设计制作。通过主图来展示服装的穿着效果，利用基本的形状和简短的文字来对品牌、质地等相关信息加以说明。同时通过辅图来展示服装类产品的不同颜色以及正面、背面、侧面的穿着效果，并选用白底图，以提高产品在手机端的曝光率。

设计师通过与客户沟通了解得知，该网店要为"DCODE"品牌的一款披风设计主辅图，再通过进一步交流得知客户的要求如下：

1. 在主图中体现出产品的品牌与品质。

2. 辅图要更全面地展示出产品的多种信息。

3. 图片配色和谐，文字使用美观得当。

4. 提高产品在手机端的曝光率。

任务操作

步骤1：服装主图设计思路分析。

设计师在明确了客户的要求后，根据客户提供的产品素材及产品特点，依据主图的制作原则，给出以下主图设计思路：

选用年轻模特，表达产品的受众对象。

左上角黑色矩形白色文字"DCODE 专属你的感觉"，既突出了产品的品牌，又能给人一种专属于本人的感觉。

右下角的文字标注"80% 澳洲羊毛、双面羊毛呢"，既说明了产品的质地，在设计上又同左上角的矩形做了呼应，且把文字设置成不同的颜色，可以使画面更加生动和谐。

主图采用标准尺寸800像素 ×800像素大小。

步骤2：主图操作实施。

设计师与客户沟通设计思路后形成可行的实施方案，在征得客户满意后，具体制作过程如下：

（1）新建文档。

启动 Photoshop 软件，选择菜单"文件"—"新建"命令，创建一个空白文档，在弹出的"新建"对话框设置像素为800，其他取默认值。

（2）制作左侧 logo。

①置入素材文件007，使用快捷键"Ctrl"＋"T"对图片进行缩放并移动到相应的位置。

②用矩形选框工具创建矩形选区，在图层面板为该图层添加图层蒙版，显示 Logo 的合适位置和大小，完成 Logo 的制作，效果如图2-1-23所示。

（3）右下角品质标示。

①新建图层，选择椭圆选框工具绘制圆形选区，填充黑色。

②选择矩形选框工具，按住 Alt 键，在原来圆形中添加白色。

③在图层面板上，为该图层添加"描边"图层样式，像素6，黑色，完成效果如图2-1-24所示。

图2-1-23　logo 效果图　　　　　　　　　图2-1-24　描边

④分别输入"80%""澳洲羊毛""双面羊毛呢"，并设置不同的字体、大小及颜色，完成效果制作。

⑤使用快捷键"Ctrl"＋"S"保存文件，并使用快捷键"Ctrl"＋"Shift"＋"S"将文件保存为 jpg 格式。

步骤3：服装辅图设计思路分析。

（1）辅图是对产品的相关信息做更详尽的展示，是对主图中的未尽事宜加以补充与完善，所以辅图只需对产品的不同颜色、不同部位的穿着效果以及产品的未穿着状态做进一步展示。

（2）所提供的四幅辅图，仍然采用800像素×800像素大小。

（3）最后一张辅图设为白底图，是为了在淘宝首页中能够搜索到该宝贝。

步骤4：辅图操作实施。

设计师和客户沟通后，选取了客户提供的部分素材完成辅图设计，具体操作步骤如下：

（1）新建文件辅图1，设置大小为800像素 ×800像素，其他取默认值。

（2）置入素材文件002，并利用快捷键"Ctrl"＋"T"调整大小及位置。

（3）使用快捷键"Ctrl"＋"S"保存文件，并使用快捷键"Ctrl"＋"Shift"＋"S"将文件保存为jpg格式。效果如图2-1-25所示。

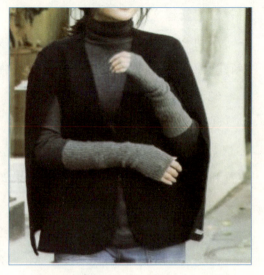

图2-1-25　辅图

工作任务二　服装类网店详情页设计

任务2-1　详情页设计

任务目标

　　本任务是制作女装网店的一款风衣宝贝详情页。通过对图片的排版编辑、文字的变形和渐变工具设计创意海报情景大图，使用矩形选框工具、文字工具和图层样式设计制作关联图和优惠券，利用软文描述和配上细节图片展示，突显风衣的特性和卖点。在该风衣的详情页中大量应用文字工具、形状工具、画笔工具、描边命令、图层对齐等工具，优化宝贝详情页。

任务背景

　　千纤纺女装网店到了一款风衣，新款风衣要上架，现征集新款风衣的宝贝详情页。设计师与客户沟通后得到需求信息，见表2-2-1。

表2-2-1 客户反馈信息表

信息	客户反馈
消费人群	20～35岁女性
服装风格	优雅、高贵、浪漫
关键信息	风衣、新品
详情页版面	海报情景图、宝贝信息、尺码信息、细节展示、品牌售后等
详情页尺寸	宽800像素 × 高度不限（根据实际情况）
宝贝文案	简短、强调卖点

学习以下知识点，了解并掌握服装类网店详情页设计相关内容，如图2-2-1。

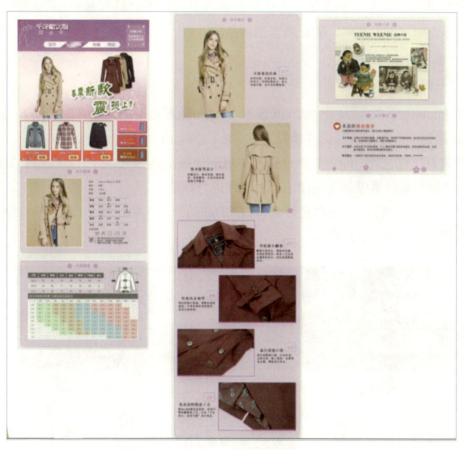

图2-2-1 详情页效果图

任务操作

步骤1：设计思路分析。

（1）详情页版面要全面详细地展示产品，应包含海报情景图、宝贝信息、尺码信息、细节展示、品牌售后等。

（2）根据消费人群以及产品的风格特点，详情页选择紫色为背景主色，整体采用玻璃质感做底衬，呈现画面的立体效果，海报情景图的背景应用粉色和花的图案，表现女性的优雅、浪漫，变形的宣传标语烘托宝贝卖点氛围，给顾客视觉冲击。

（3）网上购物消费者没有真实的产品体验，购买服装最大的顾虑就是买回来的衣服能不能穿，为了消除顾客的顾虑，在宝贝详情页必须设计宝贝信息和尺码信息，顾客在购买时可以测量对照，购买到合适的商品。

（4）产品的细节、性能、品质要清楚地告诉消费者。服装类产品要向顾客展示服装的面料、设计的特点，服装的独特之处，这些属性将会给客户带来优势。

（5）产品展示要配上文案描述，文案是产品卖点的提炼，具有强调和暗示的功能，运用文案进行情感营销，引发共鸣，能让顾客细细品味。

步骤2：操作实施。

（1）设计详情页模板。

①启动 Photoshop CS6，新建一个800像素×1200像素的空白文档（B：236），选择"矩形选框工具"，绘制一个矩形选区，并填充紫色（R：176，G：61，B：189）。

②打开素材"标志图.jpg"文件。选择"矩形选框工具"，选取图像，选择"移动工具"，将其移动到"服装详情页模板"图像上，对图像进行调整。

③选择"魔棒工具"，单击白色背景，按"Delete"键删除，按"Ctrl"＋"缩略图"，变成选区，填充白色，如图2-2-2所示。

图2-2-2　魔棒工具

④选择"文字工具"，在图像上输入文字"千纤纺女装"，字体为幼圆，按"Ctrl"＋"缩略图"，将文字载入选区，打开素材"字底花.jpg"文件，将其移动到"服装详情页模板.psd"文件中的选区部分，按"Ctrl"＋"Shift"＋"I"组合键，反向选取，按"Delete"键删除，选择"图层"—"图层样式"—"投影"命令，弹出"图层样式"对话框，设置投影的样式如图，效果如图2-2-3所示。

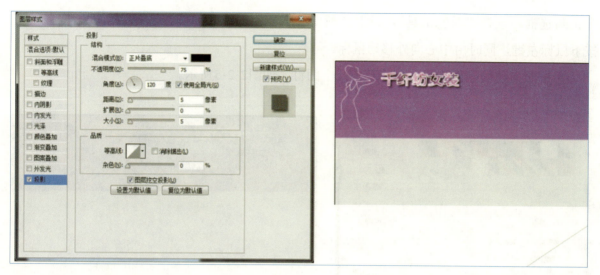

图2-2-3 文字工具

⑤选择"自定形状工具",设置其属性如图,在图像中按下鼠标左键同时移动鼠标,绘制花形状,效果如图2-2-4所示。

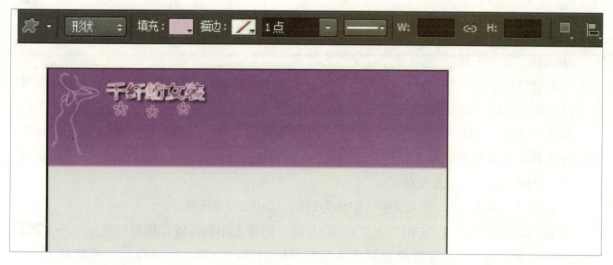

图2-2-4 自定形状工具

⑥制作玻璃图层。新建图层,选择"矩形选框工具",绘制一个矩形选框,填充灰色,选择"图层"—"图层样式"—"混合选项",弹出"图层样式"对话框,设置"混合选项:自定"中的"填充不透明度"为30%;"投影"中的"混合模式"为正片叠底、黑色,"不透明度"为36%,"角度"为135度,"距离"为3像素,"扩展"为0%,"大小"为3像素;"外发光"中的"混合模式"为叠加,"不透明度"为50%,"设置发光颜色"为白色;"斜面和浮雕"中的"大小"为4像素,"光泽等高线"为环形,"高光模式"为正常,"不透明"度为100%,"阴影模式"为颜色加深,不透明度为19%;"等高线"中的"范围"为33%。

⑦新建图层,选择"椭圆选框工具",按"Shift"键,按下鼠标左键同时移动鼠标绘制一

个正圆选框，选择"渐变工具"，设置"渐变编辑器"对话，如图，选择"角度渐变"按钮，按下鼠标左键，同时由中心向外移动鼠标。

⑧按照上述的操作步骤，制作其他几个图钉，如图2-2-5所示。

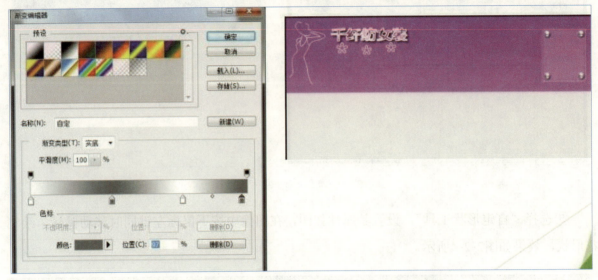

图2-2-5 图钉

⑨选择"文本工具"，输入文字，字体为幼圆。

⑩新建图层，选择"圆角矩形工具"，半径为像素20，绘制圆角路径，按"Ctrl"＋"回车键"组合键，变成选区，填充白色。

⑪新建图层，选择"矩形工具"，绘制一个矩形路径，选择"编辑"—"变换"—"斜切"，将鼠标移到底边中间点，按下鼠标左键向左移动，形成平行四边形，按"Ctrl"＋"回车键"组合键，变成选区，填充渐变色。

⑫选择"文本工具"，输入文字，字体为幼圆，如图2-2-6所示。

⑬复制玻璃图层，按"Ctrl"＋"T"组合键，调整大小和位置，选择"图层"—"图层样式"—"颜色叠加"，设置叠加颜色为紫色（R：179，G：71，B：192），"不透明度"为50%；"斜面和浮雕"中的"大小"为像素10。

图2-2-6 文木工具

⑭选择"自定形状工具"，绘制花形状，选择"文字工具"，输入文字，字体为幼圆，如图2-2-7所示。

⑮按照上述的操作步骤，制作其他几个形状。

⑯模板制作完成，保存文件为"服装详情页模板.psd"。

图2-2-7　服装详情页模板

（2）设计海报情景图与关联区。

①新建图层，选择"圆角矩形工具"，绘制一个圆角矩形，按"Ctrl"＋"回车键"组合键，变成选区，选择"渐变工具"，设置颜色（R：253，G：255，B：255；R：254，G：245，B：255；R：254，G：167，B：240），按下鼠标左键同时移动鼠标，填充渐变颜色，如图2-2-8所示。

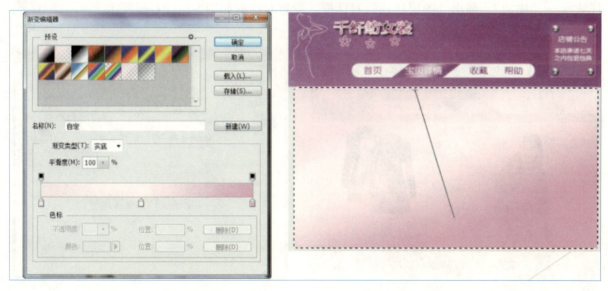

图2-2-8　海报情景图

②打开素材"背景花.jpg"文件，将其移动到"服装详情页模板.psd"中，选择"编

41

辑"→"变换"→"旋转180度",选择"魔棒工具",容差为20,选取白底,按"Delete"键删除,调整大小和位置,如图2-2-9所示。

③打开素材"模特1.jpg"文件,选择"钢笔工具",勾画人物路径,按"Ctrl"+"回车键"组合键,变成选区,将其移动到"服装详情页模板.psd"文件中,调整大小和位置,如图2-2-10所示。

图2-2-9 添加背景

图2-2-10 添加模特

④打开素材"风衣1.jpg"文件,选择"矩形选框工具",选取图像,将其移动到"服装详情页模板.psd"文件中,选择"魔棒工具",容差为10,选取白底,按"Delete"键删除,调整大小和位置,使用同样的方法,制作另外两件风衣,如图2-2-11左侧所示。

⑤选择"文字工具",输入文字,大小为48号,字体为华文隶书,选择"图层"→"图层样式"→"描边",弹出"图层样式"对话框,设置对话框如图2-2-11右侧所示。

图2-2-11 添加文本

⑥选择"图层"→"栅格化"→"文字",选择"编辑"→"变换"→"斜切",选择右

上角变换点按下鼠标左键向上移动鼠标，按下回车键即可。同样方法制作另一组字，如图2-2-12所示。

图2-2-12 添加文字效果

⑦新建图层，选择"矩形选框工具"，绘制矩形选框，填充颜色（R：246，G：1，B：70），再绘制一个矩形选框，按"Delete"键删除，如图2-2-13左侧所示。

⑧选择"文字工具"，输入文字，字体为黑体，插入素材"牛仔衣.jpg"图片，如图2-2-13右侧所示。

图2-2-13 文字工具

⑨按照上述操作步骤，制作其他两个关联图。

⑩新建图层，选择"矩形选框工具"，绘制一个矩形选框，填充粉红色（R：246，G：74，B：158），选择"椭圆选框工具"，按"Shift"键，绘制一个小正圆选框，删除粉红图层的边缘。选择"图层"→"图层样式"→"投影"，弹出"图层样式"对话框，设置默认值。选择"文字工具"，输入文字，字体为黑体，如图2-2-14所示。

图2-2-14 关联图

⑪按照上述的操作步骤，制作另外两张优惠券，如图2-2-15所示。

图2-2-15　优惠券

（3）设计宝贝信息。

①打开素材"模特2.jpg"文件，选择"矩形选框工具"，选取图像，将其移动到"服装详情页模板.psd"中，调整大小和位置。新建图层，选择"矩形选框工具"，绘制一个矩形选框，选择"编辑"→"描边"，弹出"描边"对话框，设置"宽度"为1像素，"颜色"为米色（R：231，G：223，B：212），居中，如图2-2-16所示。

图2-2-16　描边设置

②选择"文字工具"，输入文字，字体为黑体，新建图层，选择"铅笔工具"，大小为2像素，按"Shift"键，绘制直线，选择"椭圆选框工具"，按"Shift"键，绘制一个小正圆，填充灰色，选择"多边形工具"，设置属性如图，绘制灰色三角形，如图2-2-17所示。

图2-2-17　添加文本

③按照上述的操作步骤，输入文字，字体为黑体，绘制线条。

④打开素材"洗涤说明标志 .jpg"文件，将其移动到"服装详情页模板 .psd"中，调整大小和位置，如图2-2-18所示。

图2-2-18　宝贝信息

（4）设计尺码信息。

①新建图层，选择"矩形选框工具"，绘制一个矩形选框，填充深灰色，选择"铅笔工具"，按"Shift"键，画白色直线。新建图层，选择"矩形选框工具"，绘制一个矩形选框，填充浅

灰色，选择"文字工具"，输入文字，字体为宋体，如图2-2-19所示。

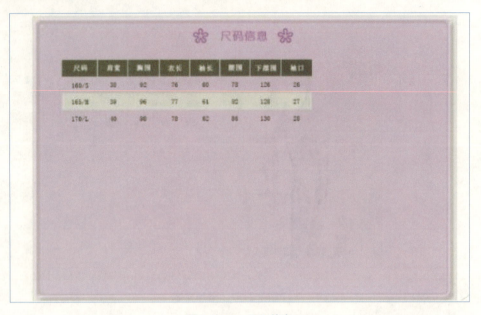

图2-2-19　尺码信息

②打开素材"测量图标.jpg"和"体型对照.jpg"两个文件，将其移动到"服装详情页模板.psd"文件中，调整大小和位置，如图2-2-20所示。

图2-2-20　尺码与体型对照图

工作领域三 营销推广

▶ 工作任务一 关键词挖掘

任务1-1 标品爆款关键词挖掘

任务目标

◆ 能够掌握标品爆款商品关键词挖掘的方法。

◆ 能够通过数据分析，对挖掘的关键词进行分类和整理。

◆ 能够建立完整的标品爆款商品关键词词库。

任务背景

小雅是一家3C数码配件网店的淘宝推广负责人，"6•18"大促活动之后，店内爆款商品的免费流量占比逐渐降低，通过自然搜索进店的访客数也比往日减少。

为了能够使店内的爆款商品获得更多免费的自然流量，小雅决定对店铺内"ROMOSS/罗马仕20000毫安大容量充电宝便携正品移动电源"进行关键词挖掘，为后面的SEO标题优化提供一个完整的关键词词库。

任务分析

该任务背景介绍的商品为标品爆款商品，对标品爆款商品进行关键词挖掘，需要对商品的标题、属性和商品描述进行分析，通过拆分关键词等手段找出商品的核心词、属性词、品牌词、营销词、长尾词等商品相关词，并借助实训系统数据分析中的关键词分析工具对该商品的核心词、属性词进行拓展，完成关键词的挖掘与收集。

标品爆款的关键词挖掘应该侧重行业热词、品牌词、类目词、核心词。关键词挖掘完毕后，对关键词进行分类和整理，形成最终的关键词词库。

任务操作

1. 根据拆分词原则对标题进行关键词拆分，并把拆分的关键词按类别填写到表3-1-1中。

表3-1-1　标题分词表

关键词类别	ROMOSS/ 罗马仕20000毫安大容量充电宝便携正品移动电源
核心词	
属性词	
品牌词	
营销词	
长尾词	
其他词	

2. 根据实训系统中的商品属性拓展关键词，并把相关关键词填写到表3-1-2中。

表3-1-2　商品属性关键词拓展表

关键词类别	ROMOSS/ 罗马仕20000毫安大容量充电宝便携正品移动电源
核心词	
属性词	
品牌词	
营销词	
长尾词	
其他词	

3. 根据商品描述拓展关键词。对实训系统中的商品描述信息进行关键词的拆分，并挑选出与商品相关、符合买家搜索习惯且具有推广意义的关键词。借助行业热搜词、Top20 W词库等工具，删掉没有搜索人气的关键词，并把相关关键词填写到表3-1-3中。

表3-1-3　商品描述关键词拓展表

关键词类别	ROMOSS/ 罗马仕20000毫安大容量充电宝便携正品移动电源
核心词	
属性词	
品牌词	

续表

关键词类别	ROMOSS/罗马仕20000毫安大容量充电宝便携正品移动电源
营销词	
长尾词	
其他词	

4. 关键词挖掘与分析整理。在任务操作1、2、3获取的关键词基础上，借助实训系统数据分析中的关键词分析工具、直通车中的关键词分析工具对关键词进行进一步挖掘与拓展，并把关键词进行分析整理，具体任务操作如下：

（1）新建一个 Excel 表格，并把所有的关键词放在 Excel 表格中，以便对关键词进行分析和处理。

（2）删除重复的关键词。利用 Excel"删除重复项"功能，删除重复关键词。

（3）删除不相关的关键词。在挖掘关键词的过程中，往往会出现一些与我们的行业或产品不相关的关键词，例如，任务中的"罗马仕20000毫安移动电源"，在进行拆分与挖掘关键词时会出现诸如"小米手机""手机壳""5000毫安"等不相关的关键词，需要把这部分关键词删除。

（4）关键词分类整理。把挖掘到的关键词按核心词、属性词、品牌词、营销词、长尾词、其他词进行分类整理，以便在后面的实训任务中使用。

（5）带数据的关键词的整理。在一定时间范围内，关键词的搜索人气、点击率、点击量、成交量、转化率在一定程度上反映了买家的搜索与购买习惯，可以起到目标市场参考衡量的作用。因此，可以对挖掘到的关键词进行进一步的整理，按照展现量进行排序筛选并删除搜索人气较低的关键词。用相同的方法，可以筛选并删除点击率较低、转化率较低、市场平均价较高的关键词。

请根据以上任务操作，把挖掘、分析、整理后的关键词填写到表3-1-4中，关键词数量不少于500个。

表3-1-4 带有数据的关键词

序号	类别	关键词	展现量	点击率	转化率	竞争指数
1						
2						
3						
4						
5						

续表

序号	类别	关键词	展现量	点击率	转化率	竞争指数
6						
7						
8						
9						
10						

任务思考

1. 标品爆款商品关键词挖掘中，你觉得哪个环节是最关键的？

2. 你还有哪些挖掘标品爆款商品关键词的方法？

任务1-2 标品新品/滞销品关键词挖掘

任务目标

◆ 能够掌握标品新品/滞销品关键词挖掘的方法。

◆ 能够根据标品新品/滞销品特性进行关键词挖掘。

◆ 能够通过数据分析，对挖掘的关键词进行分类和整理。

◆ 能够建立完整的标品新品/滞销品关键词词库。

任务背景

小雅是一家3C数码配件网店的淘宝推广负责人，最近店铺内新上了几款新品，因为有店内爆款商品的引流，这些商品上架不久便销量破零，但是直接通过自然搜索购买的用户却非常少。

为了能够让店铺内的新品"超薄小巧便携苹果专用移动电源无线迷10000毫安大容量"尽快获得自然搜索流量，小雅需要为该商品挖掘精准的关键词并建立一个完整的关键词词库。

任务分析

该任务背景介绍的商品为标品新品，对标品新品进行关键词挖掘，需要对商品的标题、属性和商品描述进行分析，通过拆分关键词等手段找出商品的核心词、属性词、品牌词、营销词、长尾词、其他词等商品相关词，并借助实训系统数据分析中的关键词分析工具对该商品的核心词、属性词进行拓展,完成关键词的挖掘与收集。

标品新品的关键词挖掘应该侧重营销词与长尾词等竞争力相对较小的词。关键词挖据完毕后,对关键词进行整理分类,形成最终的关键词词库。

任务操作

1. 根据拆分词原则对标题进行关键词拆分,并把拆分的关键词按类别填写到表3-1-5中。

表3-1-5 标题分词表

关键词类别	超薄小巧便携苹果专用移动电源无线迷10000毫安大容量
核心词	
属性词	
品牌词	
营销词	
长尾词	
其他词	

2. 根据实训系统中的商品属性拓展关键词,并把关键词填写到表3-1-6中。

表3-1-6 商品属性关键词拓展表

关键词类别	超薄小巧便携苹果专用移动电源无线迷10000毫安大容量
核心词	
属性词	
品牌词	
营销词	
长尾词	
其他词	

3. 根据商品描述拓展关键词。对实训系统中的商品描述信息进行关键词的拆分,并挑选出与商品相关、符合买家搜索习惯且具有推广意义的关键词。借助行业热搜词Top20W词库等工具,删掉没有搜索人气的关键词,并把关键词填写到表3-1-7中。

表3-1-7商品描述关键词拓展表

关键词类别	超薄小巧便携苹果专用移动电源无线迷10000毫安大容量
核心词	
属性词	

续表

关键词类别	超薄小巧便携苹果专用移动电源无线迷10000毫安大容量
品牌词	
营销词	
长尾词	
其他词	

4.关键词挖掘与分析整理。在任务操作1、2、3获取的关键词基础上,借助实训系统数据分析中的关键词分析工具、直通车中的关键词分析工具对关键词进行进一步挖掘与拓展,并把关键词进行分析整理,具体任务操作如下:

(1)新建一个Excel表格,并把所有的关键词放在Excel表格中,以便对关键词进行分析和处理。

(2)删除重复的关键词。利用Excel"删除重复项"功能,删除重复关键词。

(3)删除不相关的关键词。在挖掘关键词的过程中,往往会找到一些与网店的行业或产品不相关的关键词,例如:任务中的"超薄小巧便携苹果专用移动电源",拆分与挖掘关键词时会出现一些"华为手机""手机壳""小米专用"等不相关的关键词,需要把这部分关键词删除。

(4)关键词分类整理。把挖掘到的关键词按核心词、属性词、品牌词、营销词、长尾词、其他词进行分类整理,以便在后面的实训任务中使用。

(5)带数据的关键词的整理,在一定时间范围内,关键词的搜索人气、点击率、点击量、成交量、转化率在一定程度上反映了买家的搜索与购买习惯,可以起到市场参考衡量的作用。因此,可以对挖掘到的关键词进行进一步的整理,按照展现量进行排序,筛选并删除搜索人气较低的关键词。用相同的方法,可以筛选出并删除点击率较低、转化率较低、市场平均价较高的关键词。

请根据以上任务操作,把挖掘、分析、整理后的关键词填写到表3-1-8中,关键词数量不少于500个。

表3-1-8 带有数据的关键词

序号	类别	关键词	展现量	点击率	转化率	竞争指数
1						
2						
3						
4						

续表

序号	类别	关键词	展现量	点击率	转化率	竞争指数
5						
6						
7						
8						
9						
10						

任务思考

1. 标品新品／滞销品关键词挖掘中，你觉得哪个环节是最关键的？

2. 非标品新品／滞销品关键词挖掘与标品新品／滞销品、标品爆款、非标品爆款商品关键词挖掘有什么区别？

3. 你还有哪些挖掘标品新品／滞销品关键词的方法？

任务1-3　非标品爆款关键词挖掘

任务目标

◆ 能够掌握非标品爆款关键词挖掘的方法。

◆ 能够根据商品特性进行关键词挖掘。

◆ 能够通过数据分析，对挖掘的关键词进行分类和整理。

◆ 能够建立完整的关键词词库。

任务背景

小雅是一家皇冠女装的淘宝推广负责人，店铺内主打的爆款商品为一款连衣裙，商品的名称为"海边度假雪纺连衣裙女装新款潮流裙子夏季高腰法式淑女裙子"。商品的详细属性和描述，可以在实训系统数据分析模块中查看。

为了能够顺利开展后期该爆款商品的直通车推广与标题SEO优化，小雅需要为该商品挖掘精准的关键词并建立一个完整的关键词词库。

任务分析

该任务背景介绍的商品为非标品爆款商品，对非标品爆款商品进行关键词挖掘，需要对商品的标题、属性和商品描述进行分析，通过拆分关键词等手段找出商品的核心词、属性词、品牌词、营销词、长尾词等商品相关词，借助实训系统数据分析中的关键词分析工具对该商品的核心词、属性词进行拓展，完成关键词的挖掘与收集。

非标品爆款的关键词挖掘应该侧重行业热词、类目词、属性词、核心词、营销词。关键词挖掘完毕后，对关键词进行分类和整理，形成最终的关键词词库。

任务操作

1. 根据拆分词原则对标题进行关键词拆分，并把拆分的关键词按类别填写到表3-1-9中。

表3-1-9　标题分词表

关键词类别	海边度假雪纺连衣裙女装新款潮流裙子夏季高腰法式淑女裙子
核心词	
属性词	
品牌词	
营销词	
长尾词	
其他词	

2. 根据实训系统中的商品属性拓展关键词，并把关键词填写到表3-1-10中。

表3-1-10　商品属性关键词拓展表

关键词类别	海边度假雪纺连衣裙女装新款潮流裙子夏季高腰法式淑女裙子
核心词	
属性词	
品牌词	
营销词	
长尾词	
其他词	

3. 根据商品描述拓展关键词。对实训系统中的商品描述信息进行关键词的拆分，并挑选出与商品相关、符合买家搜索习惯且具有推广意义的关键词。借助行业热搜词，Top20W词库等工具，删掉没有搜索人气的关键词，并把关键词填写到表3-1-11中。

表3-1-11 商品描述关键词拓展表

关键词类别	海边度假雪纺连衣裙女装新款潮流裙子夏季高腰法式淑女裙子
核心词	
属性词	
品牌词	
营销词	
长尾词	
其他词	

4. 关键词挖掘与分析整理。在任务操作1、2、3获取的关键词基础上，借助实训系统数据分析中的关键词分析工具、直通车中的关键词分析工具对关键词进行进一步挖掘与拓展，并把关键词进行分析整理，具体任务操作如下：

（1）新建一个Excel表格，并把所有的关键词放在Excel表格中，以便对关键词进行分析和处理。

（2）删除重复的关键词。利用Excel"删除重复项"功能，删除重复关键词。

（3）删除不相关的关键词。在挖掘关键词的过程中，往往会找到一些与我们的行业或产品不相关的关键词，例如：任务中的"女装雪纺连衣裙"，拆分与挖掘关键词时会出现一些"夏季鞋子""套装""工作服"等不相关的关键词，需要把这部分关键词删除。

（4）关键词分类整理。把挖掘到的关键词按核心词、属性词、品牌词、营销词、长尾词、其他词进行分类整理，以便在后面的实训任务中使用。

（5）带数据的关键词的整理。在一定时间范围内，关键词的搜索人气，点击率，点击量、成交量、转化率在一定程度上反映了买家的搜索与购买习惯，可以起到目标市场参考衡量的作用。因此，可以对挖掘到的关键词进行进一步的整理，按照展现量进行排序，筛选并删除搜索人气较低的关键词。用相同的方法，可以筛选出并删除点击率较低、转化率较低、市场平均价较高的关键词。

请根据以上任务操作，把挖掘、分析、整理后的关键词填写到表3-1-12中，关键词数量不少于500个。

表3-1-12 带有数据的关键词

序号	类别	关键词	展现量	点击率	转化率	竞争指数
1						
2						
3						

序号	类别	关键词	展现量	点击率	转化率	竞争指数
4						
5						
6						
7						
8						
9						
10						

任务思考

1. 非标品爆款商品关键词挖掘中，你觉得哪个环节是最关键的？

2. 非标品爆款商品关键词挖掘与标品爆款商品、非标品新品 / 滞销品、标品新品 / 滞销品关键词挖掘有什么区别？

3. 你还有哪些挖掘非标品爆款商品的方法？

任务1-4　非标品新品 / 滞销品关键词挖掘

任务目标

◆ 能够掌握非标品新品 / 滞销品关键词挖掘的方法。

◆ 能够根据商品特性进行关键词挖掘。

◆ 能够通过数据分析，对挖掘的关键词进行分类和整理。

◆ 能够建立完整的关键词词库。

任务背景

小雅是一家皇冠女装网店的淘宝推广负责人，进入四月份，连衣裙即将迎来销售旺季。店铺内最近新上了很多新品，依靠店内的老客户，很多新品都获得了基础销量，但是通过自然搜索下单成交的客户却寥寥无几。

为了能够让店铺内的新品"百驼真丝连衣裙春夏新款杭州大牌直筒桑蚕丝印花连衣裙"提高自然搜索下单成交量，小雅需要为该商品挖掘精准的关键词并建立一个完整的关键词词库，为后期对该商品进行 SEO 优化做好准备工作。

任务分析

该任务背景介绍的商品为非标品新品，对非标品新品进行关键词挖掘，需要对商品的标题、属性和商品描述进行分析，通过拆分关键词等手段找出商品的核心词、属性词、品牌词、营销词、长尾词等商品相关词，并借助实训系统数据分析中的关键词分析工具对该商品的核心词、属性词进行拓展，完成关键词的挖掘与收集。

非标品新品的关键词挖掘应该侧重营销词与长尾词等竞争力相对较小的词。关键词挖掘完毕后，对关键词进行整理分类，形成最终的关键词词库。

任务操作

1. 根据拆分词原则对标题进行关键词拆分，并把拆分的关键词按类别填写到表3-1-13中。

表3-1-13　标题分词表

关键词类别	百驼真丝连衣裙春夏新款杭州大牌直筒桑蚕丝印花连衣裙
核心词	
属性词	
品牌词	
营销词	
长尾词	
其他词	

2. 根据实训系统中的商品属性拓展关键词，并把关键词填写到表3-1-14中。

表3-1-14　商品属性关键词拓展表

关键词类别	百驼真丝连衣裙春夏新款杭州大牌直筒桑蚕丝印花连衣裙
核心词	
属性词	
品牌词	
营销词	
长尾词	
其他词	

3. 根据商品描述拓展关键词。对实训系统中的商品描述信息进行关键词的拆分，并挑选出与商品相关、符合买家搜索习惯且具有推广意义的关键词。借助行业热搜词、Top20W 词库等工具，删掉没有搜索人气的关键词，并把关键词填写到表3-1-15中。

表3-1-15　商品描述关键词拓展表

关键词类别	百驼真丝连衣裙春夏新款杭州大牌直筒桑蚕丝印花连衣裙
核心词	
属性词	
品牌词	
营销词	
长尾词	
其他词	

4.关键词挖掘与分析整理。在任务操作1、2、3获取的关键词基础上，借助实训系统数据分析中的关键词分析工具、直通车中的关键词分析工具对关键词进行进一步挖掘与发展，并把关键词进行分析整理，具体任务操作如下：

（1）新建一个 Excel 表格，并把所有的关键词放在 Excel 表格中，以便对关键词进行分析和处理。

（2）删除重复的关键词。利用Excel"删除重复项"功能，删除重复关键词。

（3）删除不相关的关键词。在挖掘关键词的过程中，往往会找到一些与我们的行业或产品不相关的关键词，例如：任务中的"百驼真丝连衣裙桑蚕丝印花长裙"，拆分与挖掘关键词时会出现一些"短裙""纯色连衣裙""纯棉"等不相关的关键词，需要把这部分关键词删除。

（4）关键词分类整理。把挖掘到的关键词按核心词、属性词、品牌词、营销词、长尾词、其他词进行分类整理，以便在后面的实训任务中使用。

（5）带数据的关键词的整理。在一定时间范围内，关键词的搜索人气、点击率、点击量、成交量、转化率在一定程度上反映了买家的搜索与购买习惯，可以起到市场参考衡量的作用。因此，可以对挖掘到的关键词进行进一步的整理，按照展现量进行排序，筛选并删除搜索人气较低的关键词。用相同的方法，可以筛选出并删除点击率较低、转化率较低、市场平均价较高的关键词。

请根据以上任务操作，把挖掘、分析、整理后的关键词填写到表3-1-16中，关键词数量不少于500个。

表3-1-16　带有数据的关键词

序号	类别	关键词	展现量	点击率	转化率	竞争指数
1						
2						
3						

续表

序号	类别	关键词	展现量	点击率	转化率	竞争指数
4						
5						
6						
7						
8						
9						
10						

任务思考

1. 非标品新品／滞销品关键词挖掘中，你觉得哪个环节是最关键的？

2. 非标品新品／滞销品关键词挖掘与标品新品／滞销品、标品爆款商品、非标品爆款商品关键词挖掘有什么区别？

3. 你还有哪些挖掘非标品新品／滞销品关键词的方法？

工作任务二 高竞争力链接 SEO 优化

任务2-1 标品爆款商品标题优化

任务目标

◆ 能够从买家搜索习惯的角度分析关键词。

◆ 能够根据标品爆款商品特征选择合适的关键词进行标题优化。

◆ 掌握爆款商品标题优化的方法。

任务背景

小雅是一家3C数码配件网店的淘宝推广负责人。"6·18"大促活动之后，店内爆款商品的免费流量占比逐渐降低，通过自然搜索进店的访客数也比往日减少。

为了能够使店内的爆款商品获得更多免费的自然流量，小雅决定对店铺内"ROMOSS/ 罗马仕20000毫安大容量充电宝便携正品移动电源"标品爆款商品进行标题优化。

任务分析

商品标题优化是对商品的标题进行符合规则的优化，使之能够在众多同类商品中排名靠前，增加展现量、点击量以提升转化率的过程，是提高商品排名、获取自然搜索流量的重要手段。

本任务主要是从"任务一关键词挖掘"挖掘的关键词词库中选择关键词组合标题，并从标题长度的控制、关键词分布、关键词词频及关键词组合技巧等维度优化商品标题。

该商品属于标品爆款商品，标品是有明确的规格、型号的商品。用户习惯通过商品的品牌、名称、型号来搜索商品，结合标品与爆款商品的特点，选词时要优先选择强相关性、高搜索人气、品牌词、核心词与型号词等关键词，并把关键词按组合规则进行有效组合，以覆盖更多的用户，获得更多的自然搜索展现量和点击量。

任务操作

1. 请把表3-2-1的标题进行拆分，把拆分后的关键词填写到表3-2-1中，关键词之间用"/"隔开。

表3-2-1　商品标题关键词统计表

ROMOSS/ 罗马仕20000毫安大容量充电宝便携正品移动电源	
字符数	
关键词	

2. 请使用实训系统中的搜索排名模块逐一搜索任务操作1中的关键词，并根据搜索结果（如图3-2-1所示）把本店铺产品的排名填写在表3-2-2中。

图3-2-1　搜索排名查询结果

表3-2-2 商品排名统计表

ROMOSS/ 罗马仕20000毫安大容量充电宝便携正品移动电源	
关键词	搜索排名

3. 请根据商品相关性和任务操作2的排名结果，把现有商品标题中不相关的关键词和部分搜索排名较差的关键词剔除，把商品标题填写在表3-2-3中。

表3-2-3 商品标题

商品标题	

4. 为商品标题拓展关键词。本商品属于标品爆款商品，首选该商品的核心词、品牌词和强相关的商品属性词、商品型号等。请在"任务一关键词挖掘"任务中标品爆款商品关键词词库中选择合适的关键词，并填写到表3-2-4中，并说明选择该关键词的原因。

表3-2-4 关键词拓展表

类别	关键词	选择原因

5. 把任务操作4选择的关键词与任务操作3中的商品标题进行组合，点击实训系统商品标题优化模块，找到该商品，点击"优化标题"按钮，把组合后的新标题填写到优化标题输入框中，如图3-2-2所示。

图3-2-2 实训系统标题优化输入框

6. 搜索排查模块，把新标题中的每个关键词，重新进行排名查询并优化。

（1）通过调换关键词位置和替换关键词，组合新的标题，不断进行优化，并及时记录关键词搜索排名信息。比如，关键词"续航大师移动电源"，经过搜索排名查询后发现，商品的排名为第61名，排名相对靠后，但把标题中的"续航大师移动电源"更改为"移动电源20000

毫安",商品的排名为第4名,搜索其他关键词,商品排名无变化,因此,在这种情况下,可以用"移动电源20000毫安"替换"续航大师移动电源"。

(2)把标题优化最终结果记录在表3-2-5中。

表3-2-5 新标题关键词搜索排名统计表

商品标题:	
关键词	搜索排名

任务思考

1.能显著提高标品爆款商品排名的关键词主要是哪些类型?

2.你认为标题优化过程中,哪一个决策点对搜索排名影响最大?

3.你认为标品爆款商品的标题优化,还应该考虑哪些因素?

任务2-2 非标品爆款商品标题优化

任务目标

◆ 能够从买家搜索习惯的角度分析关键词。

◆ 能够根据非标品爆款商品特征,选择合适的关键词进行标题优化。

◆ 掌握非标品爆款商品标题优化的方法。

任务背景

小雅是一家女装网店的淘宝推广负责人,经过SEM推广和信息流推广,店铺新增了多个爆款,但一段时间后,店内爆款商品的免费流量占比逐渐降低,通过自然搜索进店的访客数比往日减少。

为了能够使店内的爆款商品获得更多免费的自然流量,小雅决定对店铺内"海边度假雪纺连衣裙女装新款潮流裙子夏季高腰法式淑女裙子"非标品爆款商品进行标题优化。

任务分析

商品标题优化是对商品的标题进行符合规则的优化，使之能够在众多同类商品中排名靠前，增加展现量、点击量以提升转化率的过程，是提高商品排名、获取自然搜索流量的重要手段。

本任务主要是从"任务一关键词挖掘"任务挖掘的非标品爆款商品关键词词库中选择关键词组合标题，并从标题长度的控制、关键词分布、关键字词频及关键字组合技巧等维度优化商品标题。

非标品爆款选词时要优先选择强相关性、高搜索人气、款式词与风格词等关键词，并把关键词按组合规则进行有效组合，以覆盖更多的用户，获得更多的自然搜索展现量和点击量。

任务操作

1. 请把表3-2-6的标题进行拆分，把拆分后的关键词填写到表3-2-6中，关键词之间用"/"隔开。

表3-2-6 商品标题关键词统计表

海边度假雪纺连衣裙女装新款潮流裙子夏季高腰法式淑女裙子	
字符数	
关键词	

2. 请使用实训系统中的搜索排名模块逐一搜索任务操作1中的关键词，并根据搜索结果（如图3-2-3所示）把本店铺的商品排名填写在表3-2-7中。

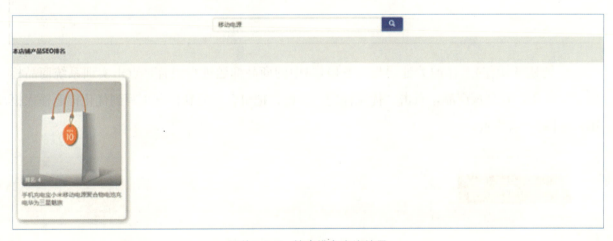

图片3-2-3 搜索排名查询结果

表3-2-7　商品排名统计表

海边度假雪纺连衣裙女装新款潮流裙子夏季高腰法式淑女裙子	
关键词	搜索排名

3. 请根据商品相关性和任务操作2的排名结果，把现有商品标题中不相关的关键词和部分搜索排名较差的关键词剔除，并把商品标题填写在表3-2-8中。

表3-2-8　商品标题

商品标题	

4. 为商品标题拓展关键词。本商品属于非标品爆款商品，首选该商品的核心词、品牌词和强相关的商品属性词、型号词等。请从"任务一关键词挖掘"任务中非标品爆款商品关键词词库中选择合适的关键词，并填写到表3-2-9中，并说明选择该关键词的原因。

表3-2-9　关键词拓展表

分类	关键词	选择原因

5. 把任务操作4选择的关键词与任务操作3中的商品标题进行组合，点击实训系统商品标题优化模块，找到该商品，点击"优化标题"按钮，把组合后的新标题填写到优化标题输入框中，如图3-2-4所示。

图片3-2-4　实训系统标题优化输入框

6.借助实训系统的搜索排名查询模块，把新标题中的每个关键词，重新进行排名查询并优化。

（1）通过调换关键词位置和替换关键词，组合新的标题，不断进行优化，并及时记录关键词搜索排名信息。比如，关键词"夏季连衣裙"，经过搜索排名查询后发现，商品的排名为第43名，但把标题中的"夏季连衣裙"更改为"雪纺连衣裙"，商品的排名为第31名，搜索其他关键词，商品排名无变化，这时要用"雪纺连衣裙"替换"夏季连衣裙"。

（2）把新标题优化最终结果记录在表3-2-10中。

表3-2-10　新标题关键词搜索排名统计表

商品标题：	
关键词	搜索排名

任务思考

1.能显著提高非标品爆款商品排名的关键词主要是哪些类型？

2.你认为标题优化过程中，哪一个决策点对搜索排名影响最大？

3.你认为非标品爆款商品的标题优化，还应该考虑哪些因素？

工作任务三　低竞争力链接 SEO 优化

任务3-1　标品新品／滞销品商品标题优化

任务目标

◆ 能够从买家搜索习惯的角度分析关键词。

◆ 能够根据商品特征选择合适的关键词进行标题优化。

◆ 掌握标品新品／滞销品商品标题优化的方法。

任务背景

　　小雅是一家手机数码配件网店淘宝推广负责人，最近店铺内新上了几款新品，因为有店内爆款商品的引流，这些商品上架不久便销量破零，但是直接通过自然搜索购买的用户却非常少。

　　为了能够让店铺内的新品"超薄小巧便携苹果专用移动电源无线迷10000毫安大容量"尽快获得更多自然搜索流量，小雅需要为该商品执行SEO优化。

任务分析

　　商品标题优化是对商品的标题进行符合规则的优化，使之能够在众多同类商品中排名靠前，增加展现量、点击量以提升转化率的过程，是提高商品排名、获取自然搜索流量的重要手段。

　　本任务主要是从"任务一关键词挖掘"任务挖掘的标品新品／滞销品关键词词库中选择关键词组合标题，并从标题长度的控制、关键词分布、关键词词频及关键字组合技巧等维度优化商品标题。

　　该商品属于标品新品，标品是有明确的规格、型号的商品。用户习惯通过商品的品牌、名称、型号来搜索商品。选词时结合标品与新品的特点，要优先选择高相关性词、低竞争属性词、营销词、长尾词与型号词等关键词，并把关键词按组合规则进行有效组合，以覆盖更多的用户，获得更多的自然搜索展现量和点击量。

任务操作

1.请把表3-3-1的标题进行拆分,把拆分后的关键词填写到表3-3-1中,关键词之间用"/"隔开。

表3-3-1 商品标题关键词统计表

超薄小巧便携苹果专用移动电源无线迷10000毫安大容量	
字符数	关键词

2.请使用实训系统中的搜索排名模块逐一搜索任务操作1中的关键词,并根据搜索结果(如图3-3-1所示),把本店铺商品的排名填写在表3-3-2中。

图3-3-1 搜索排名查询结果

表3-3-2 商品排名统计表

超薄小巧便携苹果专用移动电源无线迷10000毫安大容量	
关键词	搜索排名

3.请根据商品相关性和 任务操作 2的排名结果,把现有商品标题中不相关的关键词和部分搜索排名较差的关键词剔除,把商品标题填写在表3-3-3中。

表3-3-3　商品标题

商品标题	

4. 为商品标题拓展关键词。本商品属于标品新品，首选该商品的高相关性、低竞争属性词、营销词、长尾词及型号词。请从"任务一关键词挖掘"任务中标品新品／滞销品关键词词库中选择合适的关键词，并填写到表3-3-4中，并说明选择该关键词的原因。

表3-3-4　关键词拓展表

分类	关键词	选择原因

5. 把任务操作4选择的关键词与任务操作3中的商品标题进行组合，点击实训系线商品标题优化模块，找到该商品，点击"优化标题"按钮，把组合后的新标题填写到优化标题输入框中，如图3-3-2所示。

图3-3-2　实训系统标题优化输入框

6.借助实训系统的搜索排名查询模块，把新标题中的每个关键词重新进行排名查询。

（1）通过调换关键词位置和替换关键词，组合新的标题，不断进行优化，并及时记录关键词搜索排名信息。比如，关键词"续航大师移动电源"，经过搜索排名查询后发现产品的排名为第61名，排名相对靠后，但把标题中的"续航大师移动电源"更改为"移动电源20000毫安"，产品的排名为第4名，搜索其他关键词，商品排名无变化，因此，在这种情况下，可以用"移动电源20000毫安"替换"续航大师移动电源"。

（2）把新标题优化最终结果记录在表3-3-5中。

表3-3-5　新标题关键词搜索排名统计表

商品标题：	
关键词	搜索排名

续表

商品标题：	
关键词	搜索排名

任务思考

1.能显著提高标品新品／滞销品排名的关键词主要是哪些类型？

2.你认为标题优化过程中，哪一个决策点对搜索排名影响最大？

3.你认为标品新品／滞销品的标题优化，还应该考虑哪些因素？

任务3-2 非标品新品／滞销品商品标题优化

任务目标

◆ 能够从买家搜索习惯的角度分析关键词。

◆ 能够根据商品特征选择合适的关键词进行标题优化。

◆ 掌握非标品新品／滞销品商品标题优化的方法。

任务背景

小雅是一家皇冠女装网店的淘宝推广负责人，进入四月份，连衣裙即将迎来销售旺季。店铺内最近新上了很多新品，依靠店内的老客户，很多新品都获得了基础销量，但是通过自然搜索下单成交的客户却寥寥无几。

为了能够让店铺内的新品"百驼真丝连衣裙春夏新款杭州大牌直筒桑蚕丝印花长裙"提高自然搜索下单成交量，小雅已经建立了该商品的关键词词库，需要根据已经建好的关键词词库，完成该商品的SEO优化工作。

任务分析

商品标题优化是对商品的标题进行符合规则的优化，使之能够在众多同类商品中排名靠前，增加展现量、点击量以提升转化率的过程，是提高商品排名、获取自然搜索流量的重要手段。

本任务主要是从"任务一关键词挖掘"任务挖掘的关键词词库中选择关键词组合标题，并从标题长度的控制、关键词分布、关键词词频及关键字组合技巧等维度优化商品标题。

结合非标品新品／滞销品的特点，选词时要优先选择高相关性、低搜索人气、营销词、长尾词、款式词与风格词等关键词，并把关键词按组合规则进行有效组合，以覆盖更多的用户，获得更多的自然搜索展现量和点击量。

任务操作

1.请把表3-3-6的标题进行拆分，把拆分后的关键词填写到表3-3-6中，关键词可用"I"隔开。

表3-3-6　商品标题关键词统计表

百驼真丝连衣裙春夏新款杭州大牌直筒桑蚕丝印花长裙	
字符数	
关键词	

2.请使用实训系统中的搜索排名模块逐一搜索任务操作1中的关键词，并根据搜索结果（如图3-3-3所示），把本店铺的商品排名项写在表3-3-7中。

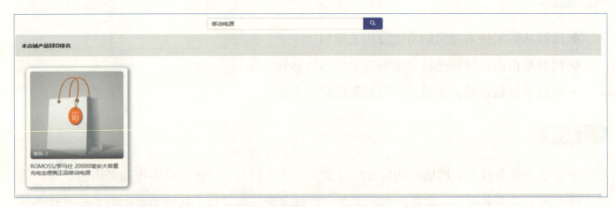

图3-3-3　搜索排名查询

表3-3-7　商品排名统计表

百驼真丝连衣裙春夏新款杭州大牌直筒桑蚕丝印花长裙	
关键词	搜索排名

3. 请根据商品相关性和任务操作2的排名结果，把现有商品标题中不相关的关键词和部分搜索排名较差的关键词剔除，把商品标题填写在表3-3-8中。

表3-3-8 商品标题

商品标题	

4. 为商品标题拓展关键词。本商品属于非标品新品，首选该商品的高相关性、低搜索人气、营销词、长尾词、款式词与风格词等。请从"任务一关键词挖掘"任务中非标品新品／滞销品关键词词库中选择合适的关键词，并填写到表3-3-9中，并说明选择该关键词的原因。

表3-3-9 关键词拓展表

分类	关键词	选择原因

5. 把任务操作4选择的关键词与任务操作3中的商品标题进行组合，点击实训系统商品标题优化模块，找到该商品，点击"优化标题"按钮，把组合后的新标题填写到优化标题输入框中，如图3-3-4所示。

图3-3-4 实训系统标题优化输入框

6. 借助实训系统的搜索排名查询模块，把新标题中的每个关键词，重新进行排名查询。

（1）通过调换关键词位置和替换关键词，组合新的标题，不断进行优化，并及时记录关键词搜索排名信息。比如，关键词"真丝连衣裙"，经过搜索排名查询后发现，商品的排名为第954位，但把标题中的"真丝连衣裙"更改为"大牌连衣裙"，商品的排名为第101位，搜索其他关键词，商品排名无变化，这时要用"大牌连衣裙"替换"真丝连衣裙"。

（2）把新标题优化最终结果记录在表3-3-10中。

表3-3-10　新标题关键词搜索排名统计表

商品标题：	
关键词	搜索排名

任务思考

1. 能显著提高非标品新品／滞销品排名的关键词是哪些类型？

2. 你认为在非标品新品／滞销品标题优化过程中，哪一个决策点对搜索排名的影响最大？

3. 你认为非标品新品／滞销品的标题优化，还应该考虑哪些因素？

工作任务四　关键词匹配方式设置

任务4-1　标品关键词匹配方式设置

任务目标

◆ 能够为标品推广关键词制定合理的匹配方式。

◆ 能够根据标品关键词匹配方式的设置，删除无用的关键词。

任务背景

不同的关键词有不同的特点，在不同的情况下设置不同的匹配方式，往往能达到不同的推广效果。

小雅是一家手机数码配件网店的淘宝推广负责人，为了达到更好的推广效果，小雅开始为爆款潜力品"ROMOSS／罗马仕20000毫安大容量充电宝便携正品移动电源"与滞销品"超薄小巧便携苹果专用移动电源无线迷10000毫安大容量"推广的关键词设置匹配方式。

任务分析

不同的关键词设置不同的匹配方式所产生的引流效果不同，花费不同。标品类目关键词量较少，多为热门短词，设置广泛匹配可以实现大量引流，但花费较高、设置精准匹配可以降低花费，但是流量也就降低。需根据具体推广关键词列表中的关键词和推广资金设置匹配方式。

任务操作

一、分析推广词列表

1.为了保证所有的关键词均能够带来流量，所有关键词均要有搜索人气。借助实训系统关键词分析工具，通过加词清单手动输入关键词，找出该关键词，对查找不到的关键词设置广泛匹配或删除关键词。

2.查看关键词列表中已有关键词，假设全部设置广泛匹配，搜索核心词、品牌词、属性词，分析能够搜索到的广泛匹配关键词，并把其填入表3-4-1中。

表3-4-1 广泛匹配关键词

搜索关键词	相关关键词			

二、设置匹配方式

根据推广资金、推广列表中的关键词与关键词个数、关键词预估流量，合理设置匹配方式。

另外，对能够广泛匹配到的关键词，修改匹配方式或删除低质量分的关键词，避免出现无用关键词。

任务操作1：找到相应的关键词，点击"修改匹配方式"，在弹出窗口修改关键词的匹配方式，点击"确定"。如图3-4-1所示。

图3-4-1　修改匹配方式

任务操作2：找到需要删除的关键词，点击"确定"。如图3-4-2所示。

图3-4-2　删除选中的关键词

任务思考

1.精准长尾关键词设置精准匹配有什么优势？

2.精准长尾关键词设置广泛匹配有什么优势？

任务4-2　非标品关键词匹配方式设置

任务目标

◆ 能够为非标品推广关键词制定合理的匹配方式。

◆ 能够根据非标品关键词匹配方式的设置，删除无用关键词。

任务背景

非标品类目的关键词较多，因此在推广关键词的匹配方式设置时，更需要合理设置，一方面获得合适的流量，另一方面控制花费。

小雅是一家皇冠女装店铺的淘宝推广负责人，需要为爆款潜力品"海边度假雪纺连衣裙女装新款潮流裙子夏季高腰法式淑女裙子"与滞销品"百驼真丝春夏新款杭州大牌直筒桑蚕丝印花长裙"推广的关键词设置匹配方式，最大限度地获得流量，降低关键词点击花费。

任务分析

不同的关键词设置不同的匹配方式，引流效果不同、花费不同。非标品类目推广关键词数量相对较多，当设置精准匹配时引流效果有限，当设置广泛匹配时流量较大，但是花费也相对较多，另外，由于广泛匹配，会导致推广关键词列表中出现无用关键词、可结合推广关键词列表的具体情况设置匹配方式。

任务操作

一、分析推广词列表

1. 为了保证所有的关键词均能够带来流量，所有关键词均要有搜索人气。结合直通车推广关键词工具，搜索列表中手动输入的关键词，查看关键词的搜索人气，对无搜索人气关键词设置广泛匹配或删除关键词。

2. 查看关键词列表中已有关键词，若全部设置广泛匹配，搜索核心词、品牌词、属性词，分析能够搜索到的广泛匹配关键词，并把其填入表3-4-2。

表3-4-2　广泛匹配关键词表

搜索关键词	相关关键词			

二、设置匹配方式

根据推广资金、推广列表中的关键词与关键词个数、关键词预估流量，合理设置匹配方式。另外，对能够广泛匹配到的关键词，修改匹配方式或删除低质量分的关键词，避免出现无用关键词。

任务操作1：找到相应的关键词，点击"修改匹配方式"，在弹出窗口修改关键词的匹配方式，点击"确定"。如图3-4-3所示。

任务操作2：找到需要删除的关键词，点击"确定"。如图3-4-4所示。

图3-4-3　修改匹配方式

图3-4-4　删除选中的关键词

任务思考

1. 关键词精准匹配与广泛匹配各有什么优劣势？

2. 在一批相关关键词中，若设置广泛匹配，当买家搜索某一关键词时，哪个关键词参与排名？

任务4-3 标品爆款关键词出价

任务目标

◆ 能为标品爆款商品的推广词制定合理的出价策略。

◆ 能对具体的关键词设置合理的出价。

◆ 能根据排名反馈与预估点击扣费调整关键词出价。

任务背景

小雅是一家手机数码配件网店的淘宝推广负责人，关键词出价是竞价的核心过程，合理的关键词出价，可以直接降低推广费用，带来更好的推广效果。在设置完关键词的匹配方式后，小雅开始对爆款商品 "ROMOSS/ 罗马仕20 000毫安大容量充电宝便携正品移动电源" 的推广关键词逐一调整出价。

任务分析

爆款推广关键词策略更多考虑的是行业内的属性词、短词或品牌词等热搜词，适当地推广精准长尾词。由于标品类目推广词较少，竞争难度较大，想要获得较好的排名，关键词的出价也会相对较高。对于部分花费较高的关键词，可以通过适当地降低关键词出价的方式，降低关键词的单次点击花费，并把节省的费用购买其他低竞争的热门词或精准长尾词。

任务操作

设置关键词出价

1.关键词排名靠后，很难为商品带来流量。当修改关键词出价时，可以看到关键词的预估排名变化。因此，在出价时要保证关键词的预估排名在一定的范围之内。例如，排名在前三页时，推广效果较好。

2.在调整出价时，不一定要始终保持在非常靠前的位置，因为在相同的质量分下，排名越靠前，出价越高，最终单次点击花费也就越高。又由于标品类目的关键词较少，竞争更为激烈，出价也相对较高。在关键词出价时，可以根据关键词的出价、质量分，大体估算关键词的单次点击花费。例如，假设下一名的关键词质量分与你的关键词质量分相同，下一名关键词的出价为你的出价减去0.01元，或假设下一名的关键词出价与你的关键词出价相同，下一名的质量分为你的关键词质量分减去0.1分。请把关键词质量分与其他相关信息填入表3-4-3。

表3-4-3 关键词质量分表

关键词	出价	质量分	排名	预估点击花费

当某个关键词的预估点击花费高出其他关键词的预估点击花费较多时，可以在能够带来流量的关键词排名范围之内，适当地降低关键词的出价。

爆款倾向的商品在市场竞争方面具有一定的优势，可以适当地提高核心词、品牌词、属性词等热门短词的出价，保证推广效果。

任务操作1：在关键词添加时，可以对关键词批量调整出价，批量出价的方式主要有三种：默认出价、自定义出价、按市场平均价的百分比出价。添加关键词的界面如图3-4-5所示。

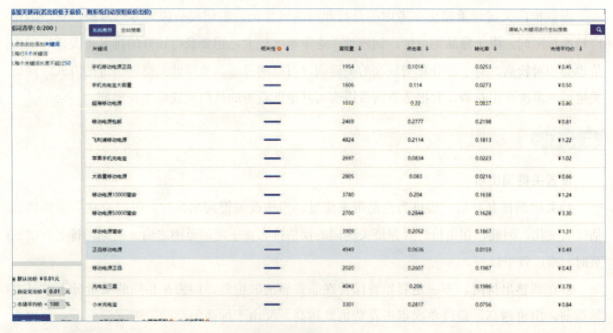

图3-4-5 添加关键词

任务操作2：逐一调整关键词的出价，如图3-4-6所示。

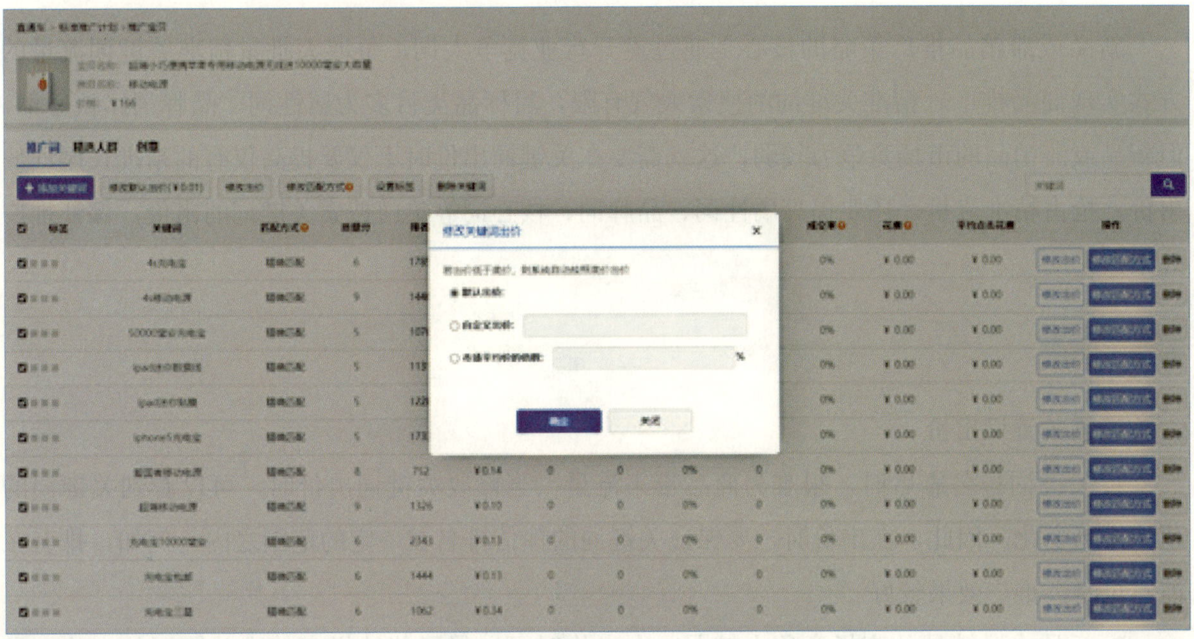

图3-4-6　调整关键词的出价

任务思考

1. 关键词的单次点击花费是否等于关键词出价？关键词出价如何计算？

2. 若想降低某一关键词的单次点击花费，应如何操作？

任务4-4　标品新品／滞销品关键词出价

任务目标

◆ 能为标品新品／滞销品推广词制定合理的出价策略。

◆ 能对具体的关键词设置合理的出价。

◆ 能根据排名反馈与预估点击扣费调整关键词出价。

任务背景

在设置完标品类目的爆款商品直通车推广关键词的出价后，小雅开始为具有滞销倾向的商品"超薄小巧便携苹果专用移动电源无线迷10 000毫安大容量"的推广关键词设置出价。新品或滞销品的市场竞争力较弱，若想获得足够的流量，关键词的出价尤为重要，为了获得更好的推广效果，尽可能地降低推广费用，小雅开始对推广关键词逐一调整出价。

新品或滞销品推广策略的核心是通过避开行业竞争大词，争取大批量精准关键词流量的方式实现商品推广。精准关键词的搜索人气有限，目标品类目多为属性词、品牌词、核心词，但新品或滞销品的市场竞争力较弱，这就需要在关键词出价时不仅要提高仅有的精准长尾词的出价，抢占精准流量，还要提高属性词、品牌词、核心词等热门搜索关键词的出价，保证推广效果。

设置关键词出价

　　1. 关键词排名靠后时，很难为商品带来流量。当修改关键词出价时，可以看到关键词的预估排名变化。因此，在出价时，要保证关键词的预估排名在一定的范围之内。例如，排名在前三页时，推广效果较好。

　　2. 新品或滞销品的市场竞争力较弱，在出价时可以尽可能地提高精准关键词的出价，最大化地获取关键词流量。标品类目关键词较少，还需适当地提高核心词、品牌词、属性词等热门短词的出价，保证推广效果，但不一定始终保持在非常靠前的位置，因为在相同的质量分下，排名越高，出价越高，最终单次点击花费也就越高。在关键词出价时，可以根据关键词的出价、质量分，大体估算关键词的单次点击花费。例如，假设下一名的关键词质量分与你的关键词质量分相同，下一名关键词的出价为你的出价减去0.01元；或假设下一名的关键词出价与你的关键词出价相同，下一名的质量分为你的关键词质量分减去0.1分。请把关键词出价和其他相关信息填入表3-4-4。

表3-4-4　关键词质量分表

关键词	出价	质量分	排名	预估点击花费

　　当某个关键词的预估点击花费高出其他关键词的预估点击花费较多时，可以在能够带来流量的关键词排名范围之内，适当地降低关键词的出价。

　　任务操作1：在关键词添加时，可以对关键词批量调整出价，批量调整出价的方式主要有三种：默认出价、自定义出价、按市场平均价的百分比出价。如图3-4-7所示。

图3-4-7 批量调整出价

任务操作2：逐一调整关键词的出价。如图3-4-8所示。

3-4-8 逐一调整关键词的出价

任务思考

1. 为什么要保证关键词的排名在相对靠前的位置？如何保证关键词的排名靠前？
2. 三种关键词批量出价的含义是什么？

任务4-5　非标品爆款关键词出价

任务目标

◆ 能为非标品爆款商品推广词制定合理的出价策略。

◆ 能对具体的关键词设置合理的出价。

◆ 能根据排名反馈与预估点击扣费调整关键词出价。

任务背景

　　小雅是一家皇冠女装店铺的淘宝推广负责人，对于推广来说，关键词出价调整是日常工作的重要内容，合理的关键词出价可以降低关键词点击花费，在一定的推广资金范围内获得更好的推广效果。"海边度假雪纺连衣裙女装新款潮流裙子夏季高腰法式淑女裙子"作为小雅店铺内的爆款商品，推广关键词数量也相对较多，小雅需对推广关键词逐一调整出价。

任务分析

　　爆款推广关键词策略更多考虑的是行业内的属性词、短词或品牌词等热搜词，适当地推广精准长尾词。由于行业热词、短词的竞争相对激烈，因此想要获得较好的排名，关键词的出价也会相对较高。又由于非标品类目推广词数量较多，对于部分花费较高的关键词，可以通过适当地降低关键词出价的方式降低关键词的单次点击花费，并把节省的费用购买其他低竞争的热门词或精准长尾词。

任务操作

设置关键词出价

　　1. 关键词排名靠后很难为商品带来流量。当修改关键词出价时，可以看到关键词的预估排名变化。因此，在出价时，要保证关键词的预估排名在一定的范围之内。例如，排名在前三页时，推广效果较好。

　　2. 非标品类目的关键词较多，在调整出价时不一定始终保持在非常靠前的位置，因为在相同的质量分下，排名越靠前，出价越高，最终单次点击花费也就越高。在关键词出价时，可以根据关键词的出价、质量分，大体估算关键词的单次点击花费。例如，假设下一名的关键词质量分与你的关键词质量分相同，下一名关键词的出价为你的出价减去0.01元；或假设下一名的关键词出价与你的关键词出价相同，下一名的质量分为你的关键词质量分减去0.1分。请把关键词出价和其他相关信息填入表3-4-5。

表3-4-5　关键词质量分表

关键词	出价	质量分	排名	预估点击花费

当某个关键词的预估点击花费高出其他关键词的预估点击花费较多时，可以在能够带来流量的关键词排名范围之内，适当地降低关键词的出价。

爆款倾向的商品在市场竞争方面具有一定的优势，可以适当地提高核心词、品牌词、属性词等热门短词的出价，保证推广效果。

任务操作1：在关键词添加时，可以对关键词批量调整出价，批量调整出价的方式主要有三种：默认出价、自定义出价、按市场平均价的百分比出价。如图3-4-9所示。

图3-4-9　批量调整出价

任务操作2：逐一调整关键词的出价。如图3-4-10所示。

图3-4-10　逐一调整关键词的出价

任务思考

1. 若对不同的时段设置不同的出价折扣，最终关键词出价是多少？

2. 要保证关键词排名靠前，除了提高关键词的出价外，还可以怎么做？

任务4-6　非标品新品／滞销品关键词出价

任务目标

◆ 能为非标品新品／滞销品推广词制定合理的出价策略。

◆ 能对具体的关键词设置合理的出价。

◆ 能根据排名反馈与预估点击扣费调整关键词出价。

任务背景

在设置完非标品类目爆款商品的直通车推广关键词出价后，小雅开始为具有滞销倾向的商品"百驼真丝连衣裙春夏新款杭州大牌直筒桑蚕丝印花长裙"设置出价。新品或滞销品的市场竞争力较弱，要想保证推广效果，关键词的出价尤为重要。为了获得更好的推产效果，尽可能地降低推广费用，小雅需对推广关键词逐一调整出价。

任务分析

新品或滞销品推广策略的核心是通过避开行业竞争大词，争取大批量精准关键词流量的方式实现商品推广。精准关键词的搜索人气有限，可以通过提高关键词出价的方式最大化地获取关键词流量，由于行业热词、短词的竞争相对激烈，因此想要获得较好的排名，关键词的出价也会相对较高。但为了保证推广效果，仍要获得部分行业热门关键词的流量。

任务操作

设置关键词出价

1.关键词排名靠后很难为商品带来流量。当修改关键词出价时，可以看到关键词的预估排名变化。因此，在出价时，要保证关键词的预估排名在一定的范围之内。例如，排名在前三页时，推广效果较好。

2.新品或滞销品的市场竞争力较弱，在出价时可以适当提高精准关键词的出价，最大化地获取关键词流量，另外，还需适当地提高核心词、品牌词、属性词等热门短词的出价，保证推广效果，但不一定要始终保持在非常靠前的位置，因为在相同的质量分下，排名越靠前，出价越高，最终单次点击花费也就越高。在关键词出价时，可以根据关键词的出价、质量分，大体估算关键词的单次点击花费。例如，假设下一名的关键词质量分与你的关键词质量分相同，下一名关键词的出价为你的出价减去0.01元；或假设下一名的关键词出价与你的关键词出价相同，下一名的质量分为你的关键词质量分减去0.1分。请把关键词出价和其他相关信息填入表3-4-6。

表3-4-6　关键词质量分表

关键词	出价	质量分	排名	预估点击花费

当某个关键词的预估点击花费高出其他关键词的预估点击花费较多时，可以在能够带来流量的关键词排名范围之内，适当地降低关键词的出价。

任务操作1：在关键词添加时，可以对关键词批量调整出价，批量调整出价的方式主要有三种：默认出价、自定义出价、按市场平均价的百分比出价。如图3-4-11所示。

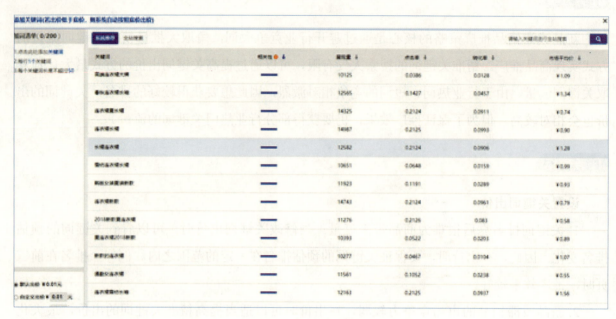

图3-4-11　批量调整出价

任务操作2：逐一调整关键词的出价。如图3-4-12所示。

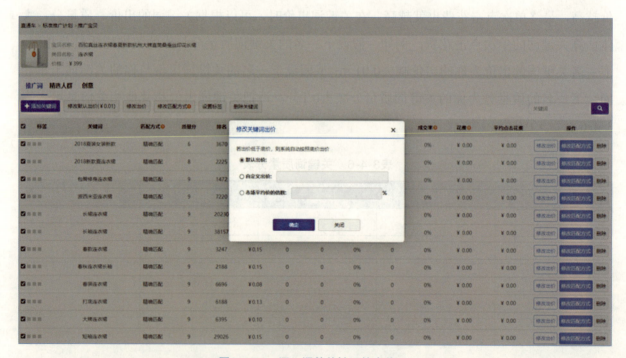

图3-4-12　逐一调整关键词的出价

1. 若对不同精选人群设置溢价比例，最终的关键词出价是多少？
2. 新品或滞销品在与爆款商品竞争同关键词时，为什么会出现竞争力不足的现象？

任务4-7　标品人群定向与溢价

任务目标

◆ 能够对标品类目直通车推广商品制定人群定向策略。
◆ 能够为定向人群设置合理的溢价比例。

任务背景

在前期的操作中，小雅对推广商品"ROMOSS/罗马仕2000毫安大容量充电宝便携正品移动电源"与"超薄小巧便携苹果专用移动电源无线迷10000毫安大容量"完成了关键词的添加与出价、创意优化等设置。为了进一步提高推广效果，小雅决定利用直通车推广的精选人群溢价功能，对部分优质人群提高关键词出价，提高推广的点击与转化效果。

任务分析

标品外观属性比较一致，从某种层面来说，只要顾客有相关需求，都是潜在人群。买家更加注重的是品牌、客单价、售后服务等。因为标品类目的人群标签不明显，所以在操作的时候都是采用高出价低溢价的策略。具体溢价比例可根据推广关键词出价、人群特征设置。

任务操作

对淘宝直通车人群进行划分，可以分为四种人群：具有某种兴趣偏向的人群、淘宝网优质人群、本店或相似店铺人群、自定义人口属性人群（此处实训系统不再展示）。标品类目的人群兴趣不明显，可根据商品特征选择相对吻合的人群或不定向此类人群。可适当地选择部分淘宝网优质人群、本店或相似店铺人群进行定向。

人群溢价的实质是提高定向人群的关键词出价。不同的精选人群对本店的商品有不同的点击与购买概率，例如，把商品放入购物车的访客相较于浏览未购买的访客会更倾向于点击与购买店铺内的产品，但浏览未购买的访客人数往往会高于商品放入购物车的访客。因此人群溢价比例的设置可以参考人群特征、潜在买家数量、关键词出价、建议溢价设定。

任务操作1：点击"精选人群"，进入精选人群管理页面，点击"编辑人群"，编辑"淘宝首页潜力人群"，输入溢价比例，点击"确定"，如图3-4-13所示。

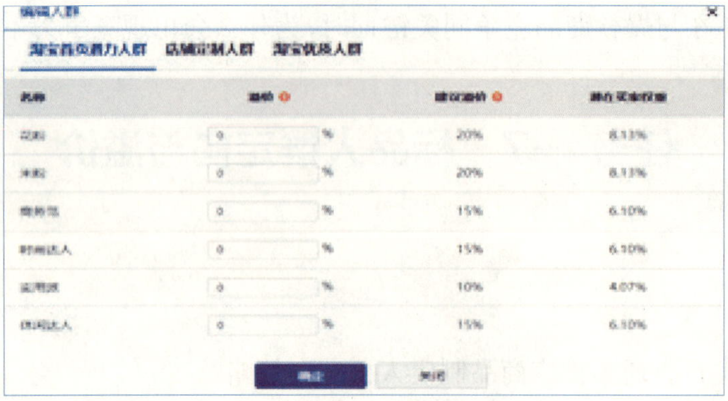

图3-4-13　编辑"淘宝首页潜力人群"

任务操作2：点击"精选人群"，进入精选人群管理页面，点击"编辑人群"，编辑"淘宝优质人群"，输入溢价比例，点击"确定"，如图3-4-14所示。

图3-4-14　编辑"淘宝优质人群"

任务操作3：点击精选人群，进入精选人群管理页面，点击"编辑人群"，编辑"店铺定制人群"，输入溢价比例，点击"确定"，如图3-4-15所示。

图3-4-15　编辑"店铺定制人群"

任务思考

1. 设置人群溢价应考虑哪些因素？
2. 如何合理地设置人群溢价？

任务4-8 非标品人群定向与溢价

任务目标

◆ 能够对非标品类目直通车推广商品制定人群定向策略。
◆ 能够为定向人群设置合理的溢价比例。

任务背景

在前期的操作中，小雅对推广商品"海边度假雪纺连衣裙女装新款潮流裙子夏季高腰法式淑女裙子"与"百驼真丝春夏新款杭州大牌直筒桑蚕丝印花长裙"完成了关键词的添加与出价、创意优化等设置，为了进一步提高推广效果，小雅决定利用直通车推广的精选人群溢价功能，对部分优质人群提高关键词出价，提高推广的点击与转化效果。

任务分析

非标品具有自己的一类风格，同一类风格的商品对应的人群也有其共性特征，推广的时候就需要优先把商品展现在这类人群面前，点击率与转化率也就相对较高，对这类人群出比较高的溢价更有价值。具体溢价比例可根据推广关键词出价、人群特征设置。

任务操作

对淘宝直通车人群进行划分，可以分为四种人群：具有某种兴趣偏向的人群、淘宝网优质人群、本店或相似店铺人群、自定义人口属性人群（此处实训系统不再展示）。非标品类目的人群兴趣明显，可根据商品特征选择符合商品特征的目标人群，还可适当地选择部分淘宝网优质人群、本店或相似店铺人群进行定向。

人群溢价的实质是提高定向人群的关键词出价。不同的精选人群对本店的商品有不同的点击与购买的概率，例如，把商品放入购物车的访客相较于浏览未购买的访客会更倾向于点击与购买店铺内的产品，但浏览未购买的访客人数往往会高于商品放入购物车的访客。因此人群溢价比例的设置可以参考人群特征、潜在买家数量、关键词出价、建议溢价设定。

任务操作1：点击"精选人群"，进入精选人群管理页面，点击"编辑人群"，编辑"淘宝首页潜力人群"，输入溢价比例，点击"确定"。如图3-4-16所示。

任务操作2：点击"精选人群"，进入精选人群管理页面，点击"编辑人群"，编辑"淘宝优质人群"，输入溢价比例，点击"确定"。如图3-4-17所示。

任务操作3：点击"精选人群"，进入精选人群管理页面，点击"编辑人群"，编辑"店铺定制人群"，输入溢价比例，点击"确定"。如图3-4-18所示。

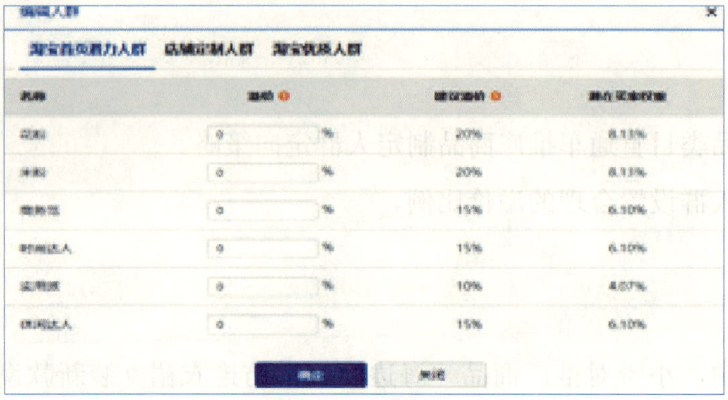

图3-4-16　编辑"淘宝首页潜力人群"

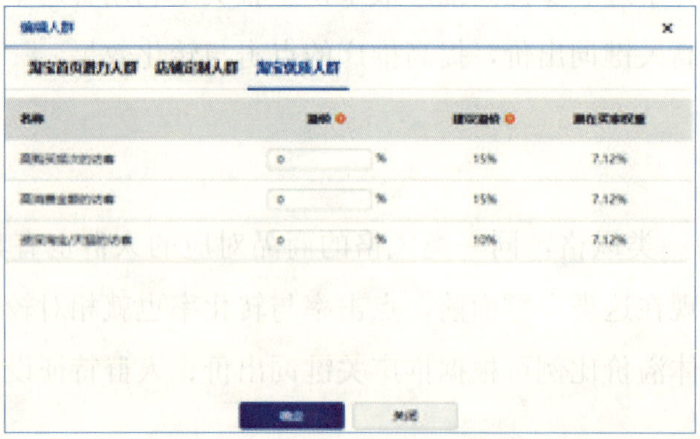

图3-4-17　编辑"淘宝优质人群"

图3-4-18　编辑"店铺定制人群"

任务思考

1. 设置人群溢价应考虑哪些因素？
2. 非标品与标品的人群溢价设置有何不同点？

工作任务五 信息流推广

任务5-1 应用下载人群定向与出价

任务目标

◆ 能够通过对 App 的扫描进行分析，精准圈定目标人群。
◆ 能够制定应用下载目标人群的定向与出价策略。
◆ 能够根据应用下载目标人群的定向与出价策略完成精准出价。

任务背景

男人的衣柜App是海澜之家的手机端网上商城。App 定位平价优质市场，货品款式多、品种全。为增加 App 的注册用户数量，打响品牌知名度，进一步提升产品销量，公司总部决定在巨量引擎投放平台开展"国庆节期间，注册男人的衣柜 App，即可成为海澜之家VIP会员，享受全场98折的购物优惠"的推广活动。

小瑜是海澜之家网店的今日头条推广负责人，为了能够提高App的下载注册量，更好地推进国庆推广活动的实施，需要根据推广目标完成应用下载目标人群的精准定向与出价。

任务分析

根据产品定位，海澜之家的目标消费群体是20～45岁的男性。通过对产品App的描述进行分析可以得知，目标用户普遍更加关注文化娱乐、服饰箱包、生活服务等。同时不同年龄段的人群，收入水平、婚姻状况、兴趣点差异也比较明显。因此对目标人群人口属性和个人兴趣爱好的分析是进行人群精准定向与出价的主要依据。

任务操作

1. 请根据任务背景和产品信息，通过分析人口属性和兴趣点，拆解目标人群，拓展人群标签，完成App目标人群画像的分析，并填写到表3-5-1中。人群画像的数量，可以根据自己的分析需求进行添加。

表3-5-1　"男人的衣柜"App人群画像

人口属性	性别： 地域： 年龄：
个人兴趣	兴趣分类：
	兴趣关键词：
其他	（App行为定向、手机品牌、网络、运营商等）

2. 请根据任务操作1分析的人群画像，在实训系统中完成不同人群画像的定向操作，如图3-5-1所示。不同的人群画像可以通过建立不同的广告计划来完成人群定向。

图3-5-1　应用下载人群定向界面

3. 请根据任务操作2制定的人群定向策略，完成广告的预算设置与出价，如图3-5-2所示。在选择投放目标时，应该紧紧围绕任务背景的要求进行选择。比如，本次任务是实现应用的下载激活，则投放目标应该选择"转化"。

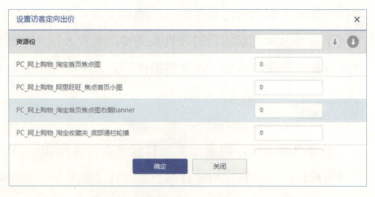

图3-5-2　应用下载预算设置与出价界面

任务思考

1. 在进行应用下载推广时，选择精准的人群标签需要考虑哪些因素？

2. 不同的广告计划之间应该如何分配广告预算？

任务5-2 文章推广人群定向与出价

任务目标

◆ 能够通过对文章的描述进行分析，掌握人群画像分析的方法。

◆ 能够制定文章推广的人群定向与出价策略。

◆ 能够根据文章推广的人群定向与出价策略完成精准出价。

任务背景

春装上新之际，海澜之家推出了新品牛仔裤、衬衫和型男夹克。为了快速地把新品推向市场，增加产品销量，海澜之家推广部门决定采用信息流推广的方式通过今日头条推送新品软文《春天的感觉真好！海澜之家春季新品第三波来啦》。

小瑜是海澜之家网店的今日头条推广负责人，负责此次信息流推广任务，需要制定合理的文章推广的人群定向与出价策略，提高该文章的点击量，达到精准引流、增加销量的目的。

任务分析

根据文章的描述，此次春季上新的牛仔裤、衬衫、夹克主要针对的是年轻人群体。文章主要定位的类目为文化、生活、家居等。文章中能够提炼出很多与产品相关的关键词以及目标用户人群兴趣关键词，因此，在确定此次软文推广人群定向和出价策略时，应该对文章内的相关关键词进行深入挖掘，从而扩展更多的人群标签，实现推广效果的最大化。

任务操作

1. 请从文章中尽可能多地提炼出人群标签，填入下方的表3-5-2中。

表3-5-2 文章关键词分析

文章名	《春天的感觉真好！海澜之家春季新品第三波来啦》
关键词	

2.请根据任务背景和文章信息，通过分析人口属性和兴趣点，拆解目标人群，拓展人群标签，完成文章目标人群画像的分析，并填入下方的表3-5-3中。对于人群画像的数量，可以根据自己的分析需求进行添加。

表3-5-3　文章目标人群画像

《春天的感觉真好！海澜之家春季新品第三波来啦》	
人口属性	性别： 地域： 年龄：
个人兴趣	兴趣分类：
	兴趣关键词：
其他	（App行为定向、手机品牌、网络、运营商等）

3.请根据任务操作2分析的人群画像，在实训系统中，完成不同人群画像的定向操作，如图3-5-3所示。不同的人群画像可以通过建立不同的广告计划来完成人群定向。

图3-5-3　文章推广人群画像定向界面

4.请根据任务操作3制定的人群定向策略，完成广告的预算设置与出价。在选择投放目标和投放时间时，应该紧紧围绕任务背景的要求进行选择，如图3-5-4所示。比如，本次任务是提高文章阅读量，则投放目标应该选择"点击"。

图3-5-4　文章推广广告预算设置与出价界面

1. 在进行文章推广时，选择人群标签需要考虑哪些因素？
2. 文章推广出价设置应该主要考虑哪几个方面？
3. 文章推广和应用下载在人群定向上有哪些区别？

任务5-3 落地页推广人群定向与出价

任务目标

◆ 能够通过对产品的描述，掌握人群画像分析的方法。
◆ 能够制定落地页推广的人群定向与出价策略。
◆ 能够根据落地页推广的人群定向与出价策略完成精准出价。

任务背景

为了进一步扩大品牌知名度和产品影响力，增加产品的曝光量，针对本次信息流推广，海澜之家对产品介绍落地页进行了重点设计。小瑜是海澜之家网店的今日头条推广负责人，她近期的主推商品是"HLA/海澜之家时尚都市直筒牛仔裤舒适牛仔裤男"，请结合产品特性和本次推广活动的策略方针，制定合理的人群定向和出价策略，完成本次任务。

任务分析

通过对"HLA/海澜之家时尚都市直筒牛仔裤舒适牛仔裤男"的产品属性进行分析得知，该产品主要面向的消费群体为中高端时尚都市青年，产品售价168元，同时在线上线下均有销售，所以具有"商场同款、线下消费偏好"的消费群体也应该是网店所考虑的目标定向人群。

任务操作

1. 请从产品属性和公司背景中尽可能多地提炼出人群标签，填入下方的表3-5-4中。

表3-5-4 产品关键词分析

产品名称	HLA/海澜之家时尚都市直筒牛仔裤舒适牛仔裤男
关键词	

2. 请根据任务背景和产品信息，通过分析人口属性和兴趣点，拆解目标人群，拓展人群

标签，完成落地页目标人群画像的分析，填入表3-5-5中。对于人群画像的数量，可以根据自己的分析需求进行添加。

表3-5-5　落地页目标人群画像

HLA/ 海澜之家时尚都市直筒牛仔裤舒适牛仔裤男	
人口属性	性别： 地域： 年龄：
个人兴趣	兴趣分类：
	兴趣关键词：
其他	（App 行为定向、手机品牌、网络、运营商等）

3.请根据任务操作2分析的人群画像，在实训系统中完成不同人群画像的定向操作，如图3-5-5所示。不同的人群画像可以通过建立不同的广告计划来完成人群定向。

图3-5-5　落地页推广人群画像定向界面

4.请根据任务操作3制定的人群定向策略，完成广告的预算设置与出价，如图3-5-6所示。在选择投放目标时，应该紧紧围绕任务背景的要求进行选择。比如，本次任务是提高产品曝光量，则投放目标应该选择"点击"或"展现"。

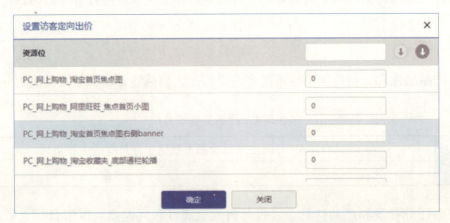

图3-5-6　落地页推广广告预算设置与出价界面

96

1.在进行落地页推广时，选择人群标签需要考虑哪些因素？

2.落地页推广出价设置应该主要考虑哪几个方面？

任务5-4 店铺推广人群定向与出价

任务目标

◆ 能够通过对店铺的描述，掌握人群画像分析的方法。

◆ 能够制定店铺推广的人群定向与出价策略。

◆ 能够根据店铺推广的人群定向与出价策略完成精准出价。

任务背景

国庆节来临之际，海澜之家策划了"国庆大酬宾，全场9折！"的促销活动、线上线下同步开售，消费者既可以选择线上下单、门店自提，也可以直接到线下门店选购心仪的商品。

江桥万达广场店作为海澜之家在上海地区的主力门店，为了能够充分扩大本次促销活动在上海地区的曝光度，推广部门决定通过信息流推广的方式进一步增加客流量。

小瑜是海澜之家的今日头条推广负责人，需要根据任务目标，完成海澜之家（江桥万达广场店）的店铺推广引流工作。

任务分析

本次采用信息流推广的方式对店铺进行推广是线上与线下的结合，与传统推广最大的不同是地域定向的精细划分。可以通过分析上海地区不同区县、不同商圈等地域特性，拓展人群标签，完成目标消费人群的精准定向。本次任务主要是达到短期内快速提高促销活动曝光率的目的，因此投放方式应该选择加速投放，同时尽量提高展示出价。

任务操作

1.请从店铺介绍和公司背景中尽可能多地提炼出人群标签，填入下方的表3-5-6中，关键词应该尽量以区县、商圈等地域类的关键词为主。

表3-5-6　店铺关键词分析

店铺名称	海澜之家（江桥万达广场店）
关键词	

2. 请根据任务背景和店铺信息，通过分析人口属性和兴趣点，拆解目标人群，拓展人群标签，完成店铺推广目标人群画像的分析，填入下方的表3-5-7中。对于人群画像的数量，可以根据自己的分析需求进行添加。

表3-5-7　店铺推广目标人群画像

海澜之家（江桥万达广场店）	
人口属性	性别： 地域： 年龄：
个人兴趣	兴趣分类：
	兴趣关键词：
其他	（App 行为定向，手机品牌，网络，运营商等）

3. 请根据任务操作2分析的人群画像，在实训系统中，完成不同人群画像的定向操作。不同的人群画像可以通过建立不同的广告计划来完成人群定向。

（1）根据任务操作1和任务操作2对地域标签的重点分析，完成地域定向。如图3-5-7所示。

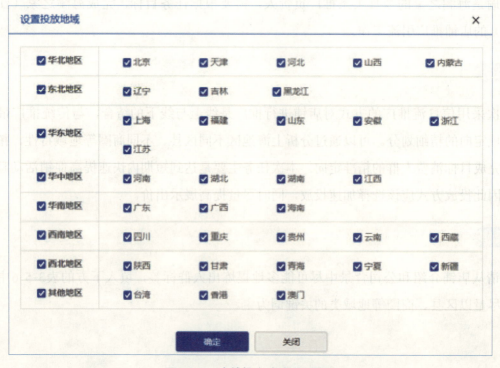

图3-5-7　店铺推广地域定向界面

（2）请在实训系统上完成其他人群定向操作。如图3-5-8所示。

图3-5-8 店铺推广计划人群定向

4.请根据任务操作3制定的人群定向策略，完成广告的预算设置与出价，如图3-5-9所示。在选择投放目标和投放时间时，应该紧紧围绕任务背景的要求进行选择。比如，本次任务是提高门店促销活动的曝光量，而国庆节即将来临，因此应该优先选择加速投放。如果选择设定日预算，则应该尽量提高日预算的出价，防止预算消耗完毕，广告计划提前下线。

图3-5-9 广告预算设置与出价界面

任务思考

1.在进行店铺推广时，选择人群标签需要考虑哪些因素？

2.设置店铺推广出价应该主要考虑哪几个方面？

任务5-5 应用下载创意编辑

任务目标

◆ 能根据应用下载的特点制定合理的创意编辑策略。

◆ 能结合人群画像进行创意的编辑。

◆ 能够结合产品特性完成不同创意类型的编辑。

任务背景

应用下载人群定向与出价完成后，就要进行创意的编辑工作。美工组已经根据商品的特性以及不同创意资源位的要求制定了不同创意类型的素材，包括大图横图、横版视频、竖版视频、组图、小图、大图竖图等，不同的创意资源类型代表着不同的资源位。

小瑜是海澜之家网店的今日头条推广负责人，需要根据任务目标，锁定产品的卖点，明确使用场景，体现出产品的优势，并巧妙地加入创意中去。为不同的创意类型编辑不同的文字创意，并选择对应的创意展现方式。

任务分析

创意标题的编辑应该紧紧围绕目标人群的潜在需求展开，从App描述中提炼出核心词，从目标人群定向中提炼兴趣关键词，突出"男人的衣柜"App的特色，比如"款式多、品种全的货品""无干扰、自选式购衣""免费成为海澜之家官方会员，享受全场98折"都是编写新创意时可以参考的点。

同时，我们也可以查看系统推荐标题，模仿系统推荐标题来制作新的创意，从而撰写出更有针对性的创意。

任务操作

1. 创意编辑。

信息流创意制作第一个要考虑的因素应该是倾向于原生广告，这样既能向目标人群传递营销目标，也不破坏用户的信息流阅读体验。第二个要考虑的因素是如何吸引目标人群，提高创意点击率。请结合任务一中得到的人群画像和实训系统中的系统推荐标题，给表3-5-8中不同的创意类型分别撰写合适的创意标题。每个创意的字符总数不能多于30个汉字。

表3-5-8 创意编辑

创意类型	创意
大图横图	
横版视频	
竖版视频	
组图	
小图	
大图竖图	

把撰写好的创意标题填到实训系统中，并填写创意来源。创意添加页面如图3-5-10所示。

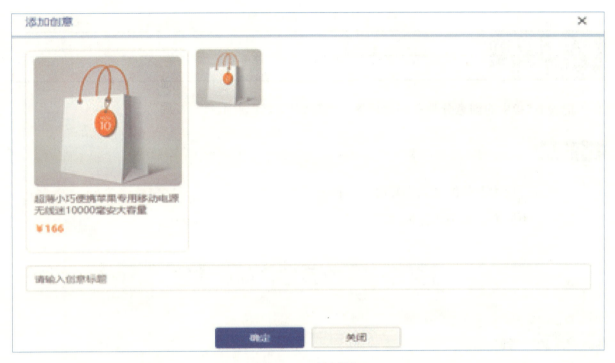

图3-5-10 创意添加

2.展现方式。

在优选模式下，创意效果越好，展现量越高；而轮播模式下，每条创意平分展现量。如果任务目标更侧重总体展现量，则应该选择优选模式；如果想让创意覆盖不同的人群，同时比较不同创意的投放效果，可以考虑轮播模式。

在广告创意添加页面，点击"显示高级选项"，选择相应的创意展现方式即可。如图3-5-11所示。

图3-5-11 创意展现方式设置

3.创意分类与标签。

根据推广的应用，尽可能选择与创意素材最相关的行业分类，以及能全面准确描述应用、创意素材或人群定向的标签。请根据实训系统提示的创意分类列表，结合任务一分析得出的人

101

群画像，为该创意添加创意分类和创意标签，并填入表3-5-9中。

表3-5-9　创意分类与创意标签

创意分类	
创意标签	

把表3-5-9中的创意分类和创意标签，填写到广告计划中。

任务思考

1. 在进行应用下载的创意编辑时，应该着重关注哪几点？

2. 对于不同创意类型，在编写创意时，有哪些不同点？

任务5-6　文章推广创意编辑

任务目标

◆ 能根据文章推广的特点制定合理的创意编辑策略。

◆ 能结合人群画像进行创意的编辑。

◆ 能够结合产品特性完成不同创意类型的编辑。

任务背景

　　为了让文章推广的效果达到最优，现在要进行文章推广创意的编辑。美工组已经根据文章推广中所需要的创意资源类型制作了各类不同类型的创意素材，包括不同类型的视频、图片以及不同尺寸的组图等。

　　小瑜是海澜之家网店的今日头条推广负责人，需要根据任务目标，对不同的资源位对应的展现量及目标人群进行分析和评估，为不同的创意类型编辑不同的文字创意，并选择对应的创意展现方式。

任务分析

　　创意标题的编辑应该紧紧围绕目标人群的潜在需求展开，从文章描述中提炼出核心词，从目标人群定向中提炼兴趣关键词，突出文章的主旨，比如"海澜之家""春季新品""轻生活悦时尚"都是编写新创意时可以参考的点。

　　同时，也可以查看系统推荐标题，模仿系统推荐标题来制作新的创意，从而撰写出更有针对性的创意。

任务操作

1. 创意编辑。

信息流创意制作第一个要考虑的因素应该是倾向于原生广告，这样既能向目标人群传递营销目标，也不破坏用户的信息流阅读体验。第二个要考虑的因素是如何吸引目标人群，提高创意点击率。请结合任务一中得到的人群画像和今日头条推广实训系统中的系统推荐标题，给表3-5-10中不同的创意类型分别撰写合适的创意标题。创意的字符总数不能多于30个汉字。

表3-5-10　创意编辑

创意类型	创意
大图横图	
横版视频	
竖版视频	
组图	
小图	
大图竖图	

把撰写好的创意标题填写到实训系统中，并填写创意来源。如图3-5-12所示。

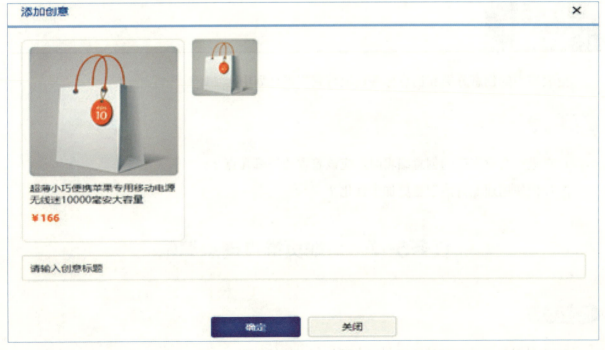

图3-5-12　创意添加

2. 展现方式。

在优选模式下，创意效果越好，展现量越高；而轮播模式下，每条创意平分展现量。如果任务目标更侧重总体展现量，则应该选择优选模式；如果想让创意覆盖不同的人群，同时比较不同创意的投放效果，可以考虑轮播模式。

在广告创意添加页面，点击"显示高级选项"，选择相应的创意展现方式即可。如图3-5-13所示。

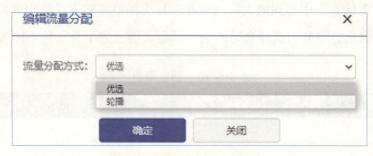

图3-5-13 创意展现方式设置

3. 创意分类与标签。

根据推广的文章，尽可能选择与创意素材最相关的行业分类，以及能全面准确描述文章、创意素材或人群定向的标签。请根据实训系统提示的创意分类列表，结合任务一分析得出的人群画像，为该创意添加创意分类和创意标签，并填入下方的表3-5-11中。

表3-5-11 创意分类与创意标签

创意分类	
创意标签	

把表格中的创意分类和创意标签，填写到广告计划中。

任务思考

1. 在进行文章推广的创意编辑时，应该着重关注哪几点？
2. 如何使用通配符使创意更加个性化？

任务5-7 落地页推广创意编辑

任务目标

◆ 能根据落地页推广的特点制定合理的创意编辑策略。

◆ 能结合人群画像进行创意的编辑。

◆ 能够完成不同创意类型的编辑。

任务背景

美工组已经根据不同的资源位制作了类型、尺寸各不相同的"落地页推广"创意素材，包括大图横图、横版视频、竖版视频、组图、小图、大图竖图等。

小瑜是海澜之家网店的今日头条推广负责人，需要根据任务目标，结合产品特性，编辑能激发用户兴趣的、不同类型的文字创意，并对不同的创意类型选择对应的展现方式。

任务分析

创意标题的编辑应该紧紧围绕目标人群的潜在需求展开，从产品描述和产品属性中提炼出核心词，从目标人群定向中提炼兴趣关键词，突出产品的卖点，比如"简洁腰部，质感纽扣，弧形口袋""仅售168元"都是编写新创意时可以参考的点。

同时，也可以查看系统推荐标题，模仿系统推荐标题来制作新的创意，从而撰写出更有针对性的创意。

任务操作

1. 创意编辑。

信息流创意制作第一个要考虑的因素应该是倾向于原生广告，这样既能向目标人群传递营销目标，同时也不破坏用户的信息流阅读体验。第二个要考虑的因素是如何吸引目标人群，提高创意点击率。请结合任务一中得到的人群画像和实训系统中的系统推荐标题，给表3-5-12中不同的创意类型分别撰写合适的创意。创意的字符总数不能多于30个汉字。

表3-5-12　创意编辑

创意类型	创意
大图横图	
横版视频	
竖版视频	
组图	
小图	
大图竖图	

把撰写好的创意标题填写到实训系统中，并填写创意来源。如图3-5-14所示。

图3-5-14　创意添加

2. 展现方式。

在优选模式下，创意效果越好，展现量越高；而轮播模式下，每条创意平分展现量。如果任务目标更侧重总体展现量，则应该选择优选模式；如果想让创意覆盖不同的人群，同时比较不同创意的投放效果，可以考虑轮播模式。

在广告创意添加页面，点击"显示高级选项"，选择相应的创意展现方式即可。如图3-5-15所示。

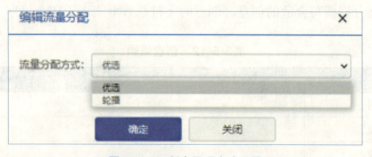

图3-5-15　创意展现方式设置

3. 创意分类与标签。

根据推广的产品，选择尽可能与创意素材最相关的行业分类，以及能全面准确描述产品、创意素材或人群定向的标签。请根据实训系统提示的创意分类列表，结合任务–分析得出的人群画像，为该创意添加创意分类和创意标签，并填入表3-5-13中。

表3-5-13　创意分类与创意标签

创意分类	
创意标签	

把表3-5-13中的创意分类和创意标签填写到广告计划中。

任务思考

1. 在进行落地页推广的创意编辑时，应该着重关注哪几点？
2. 应用下载、文章推广、落地页推广的创意编辑有什么相似点和不同点？

任务5-8　店铺推广创意编辑

任务目标

◆ 能根据店铺推广的特点制定合理的创意编辑策略。
◆ 能结合人群画像进行创意的编辑。
◆ 能够完成不同创意类型的编辑。

任务背景

现在要根据创意资源类型进行店铺推广创意的编辑工作，美工的同事已经制作了和"店铺推广"相关的不同的创意素材，创意类型有大图横图、横版视频、竖版视频、组图、小图、大图竖图等。每个创意类型分别代表不同的资源位。

小瑜是海澜之家网店的今日头条推广负责人，需要根据不同的资源位选择对应的资源类型，并编辑最佳的创意内容，以达到最好的引流推广效果。

任务分析

门店的推广是线上与线下结合的场景。创意标题的编辑应该紧紧围绕目标人群的潜在需求展开，从店铺描述和促销活动目标中提炼出核心词，从目标人群定向中提炼兴趣关键词，强调促销活动的吸引力，比如"国庆大酬宾，全场9折！"都是编写新创意时参考的点。

同时，也可以查看系统推荐标题，模仿系统推荐标题来制作新的创意，从而撰写出更有针对性的创意。

任务操作

1. 创意编辑。

信息流创意制作第一个要考虑的因素是倾向于原生广告，这样既能向目标人群传递营销目标，也不破坏用户的信息流阅读体验。第二个要考虑的因素是如何吸引目标人群，提高创意点击率。请结合任务一中得到的人群画像和实训系统中的系统推荐标题，给表3-5-14中不同的创意类型分别撰写合适的创意标题。创意的字符总数不能多于30个汉字。

表3-5-14　创意编辑

创意类型	创意标题
大图横图	
横版视频	
竖版视频	
组图	
小图	
大图竖图	

把撰写好的创意标题填写到实训系统中，并填写创意来源。如图3-5-16所示。

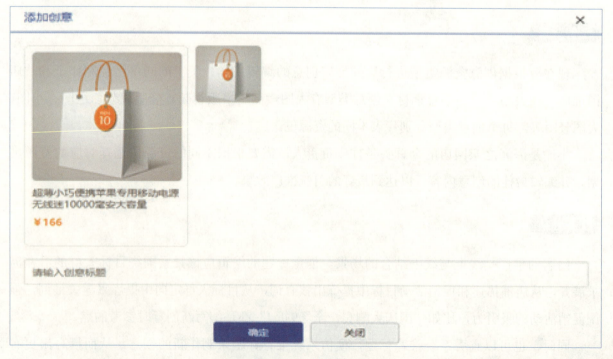

图3-5-16　创意添加

2.展现方式。

在优选模式下，创意效果越好，展现量越高；而轮播模式下，每条创意平分展现量。如果任务目标更侧重总体展现量，则应该选择优选模式；如果想让创意覆盖不同的人群，同时比较不同创意的投放效果，可以考虑轮播模式。

在广告创意添加页面，点击"显示高级选项"，选择相应的创意展现方式即可。如图3-5-17所示。

图3-5-17 创意展现方式设置

3.创意分类与标签。

根据推广的店铺信息，选择尽可能与创意素材最相关的行业分类，以及能全面准确描述店铺、创意素材或人群定向的标签。请根据实训系统提示的创意分类列表，结合任务一分析得出的人群画像，为该创意添加创意分类和创意标签，并填入表3-5-15中。

表3-5-15 创意分类与创意标签

创意分类	
创意标签	

把表格中的创意分类和创意标签填写到广告计划中。

任务思考

1.在进行门店推广的创意编辑时，应该着重关注哪几点？

2.门店推广的创意编辑和应用下载、文章推广、应用下载的创意编辑，最明显的区别是什么？

工作领域四　业务处理

工作任务一　商品管理

任务1-1　商品上架

任务目标

◆ 在电子销售平台，上架即产品上传，在网络上进行售卖，是淘宝创造的一个虚拟、动态的搜索权重赋值方式；商品上下架调整期间，商品的在售状态是不会发生变化的（仓库中的商品也设置了上架调整的例外，仓库中的商品会从下架状态调整为上架状态）。

任务背景

某淘宝网店进行了一段时间的经营，部分商品出现缺货或少货情况，需要对相应商品进行上架处理。

任务操作

对于淘宝卖家来说，将产品上架或者下架是常用的操作，也是最基本的操作。下面将以淘宝平台为例，来具体说明上架操作方法。

步骤1：登录淘宝首页，点击界面顶部右侧"淘宝卖家中心"，进入卖家中心管理店铺。

步骤2：进入卖家中心列表中的"发布宝贝"链接，进入宝贝发布界面，如图4-1-1所示。

图4-1-1 商品发布

步骤3：进入"宝贝发布"页面后，选择合适的类型，再根据宝贝的属性往下选择宝贝类型、型号等，选择完毕后，再勾选"我已阅读以下规则"选项，现在发布宝贝，如图4-1-2所示。

图4-1-2 商品发布

备注：以上栏目卖家可根据商品自行选择。

步骤4：填写"宝贝基本信息"，带＊的都属于必填项目，没带＊的属于选填项目，可以按照宝贝的实际情况进行填写，如图4-1-3、图4-1-4、图4-1-5所示。

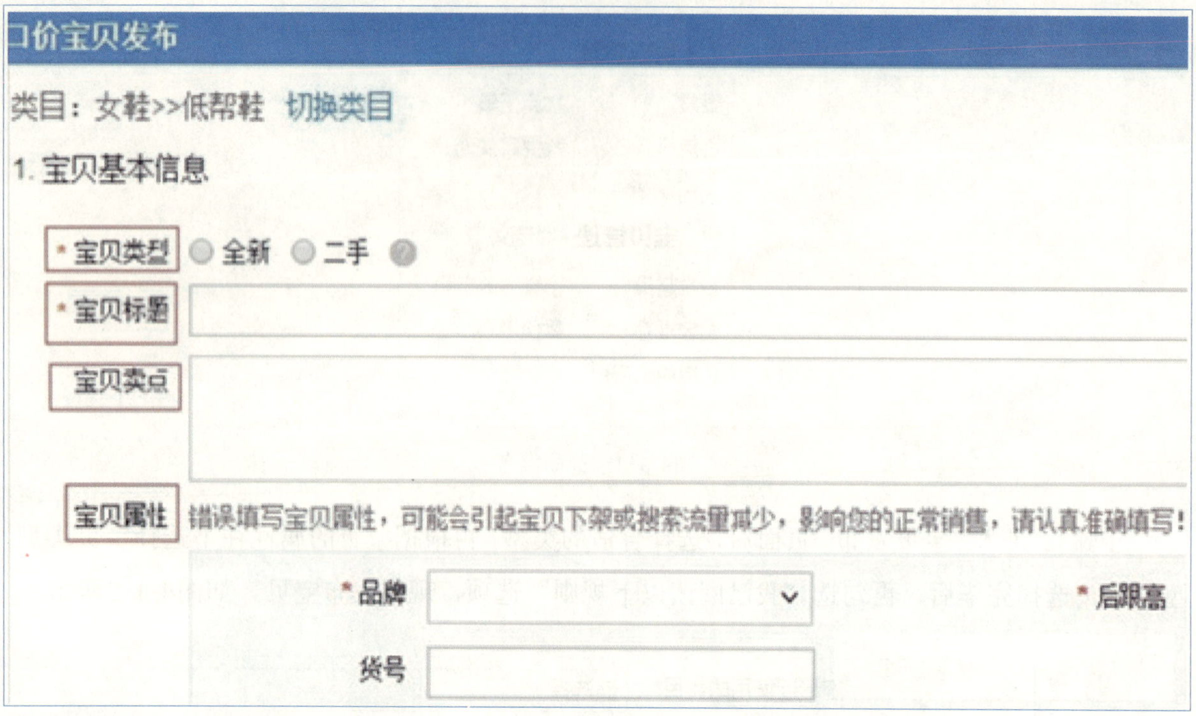

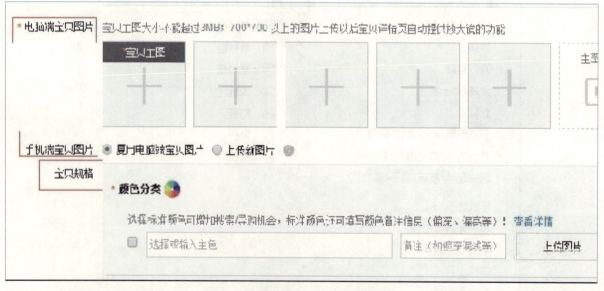

图4-1-3　商品基本信息

图4-1-4　商品电脑端手机端图片选择

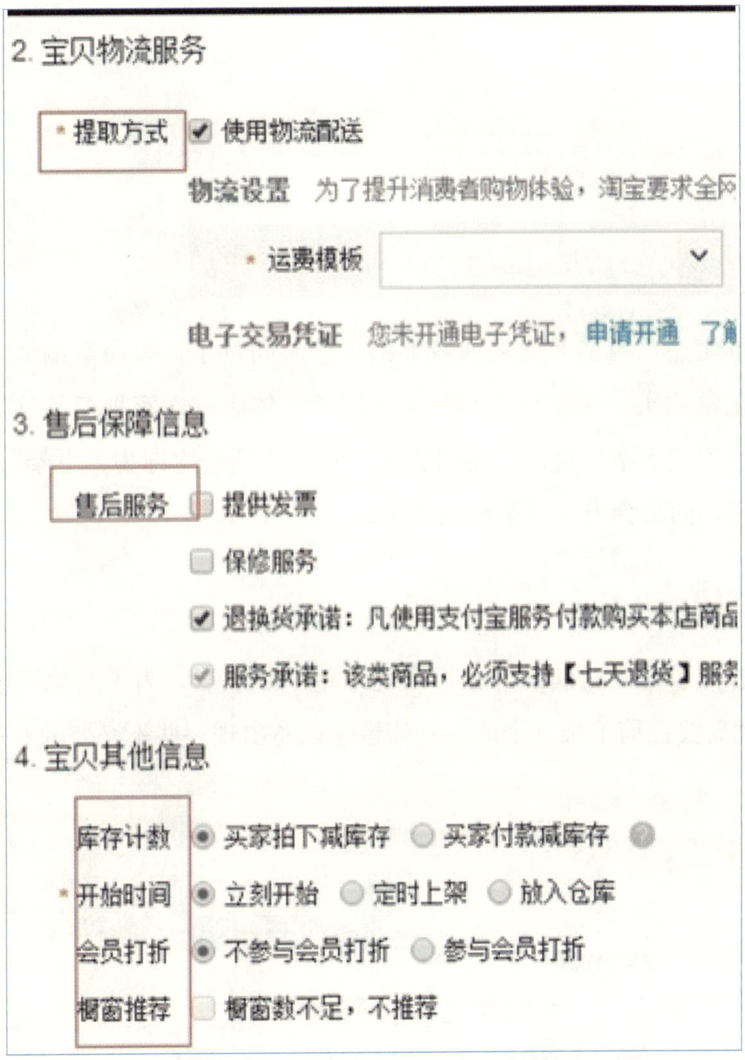

图4-1-5 商品物流和售后及其他信息

步骤5：以上宝贝信息填写完毕后，最下面有个预览按钮，点击"预览"，可以查看宝贝页面的展示情况，检查确认没有要修改的，再提交，这样宝贝就发布成功了！

任务思考

商品上架是否有哪些技巧和注意事项，可以帮助店铺商品上架后得到更多的关注和成交量？

_____

_____

_____

_____

任务1-2　商品下架

任务目标

◆ 商品暂时不卖了，可能是卖完或者促销活动时间过了，等商家编辑商品信息，重新上架后即可正常购买。卖家把商品下架等同于实体店的卖家把商品从货架上拿下来，出售中的宝贝为"上架"商品，将出售中的宝贝放到仓库即为"下架"，如果在售商品的库存已售完，商品会自动下架至仓库中。

任务背景

某淘宝网店进行了一段时间的经营，出现某些产品缺货，为了避免买家购买该商品而无法供货的情况，就需要提前下架这个产品并停售，以防出现一些不必要的麻烦。

任务操作

在下架某个产品的时候，可以单件下架，也可以多件同时下架。下面将以淘宝为例展开介绍。

步骤1：登录淘宝首页，点击界面顶部右侧"卖家中心"，进入卖家中心管理店铺（同上架第一步）。

步骤2：进入"出售中的宝贝"链接，可在右侧看到店铺正在出售的宝贝，如图4-1-6所示。

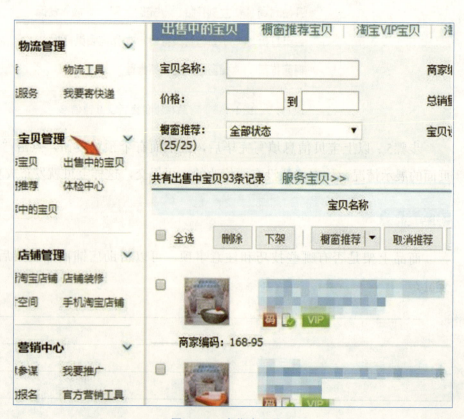

图4-1-6　在售商品信息

步骤3：勾选要下架的宝贝，单击"下架"按钮，如图4-1-7所示。

图4-1-7　商品下架

步骤4：下架的产品会转移到"仓库中的宝贝"列表中，后期根据情况随时可以将产品重新上架，如图4-1-8所示。

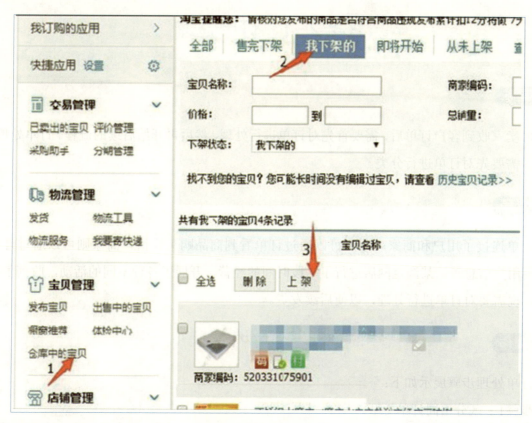

图4-1-8　已下架商品信息

上下架某个商品时一定要注意，商品的上下架时间和商品的权重挂钩，务必要弄懂这个原理，再去设置上下架时间。

任务思考

哪些情况下需要对商品进行下架处理，下架处理时有哪些注意事项和技巧？

_____

_____

_____

_____

▲ 工作任务二　订单管理

任务2-1　订单处理

任务目标

◆ 卖家收到客户订单后，需要首先对订单进行处理，然后再开始后续的流程。订单处理中，需要先对订单进行分类。

任务背景

订单连接了用户和商家，用户可以通过订单看到商品购买详情，商家则可以通过订单看到购买用户信息等。某淘宝网店进行了一段时间的经营，开展了各种不同的活动，收到了很多订单，现需要对订单进行处理，以便后续发货。

任务操作

订单处理步骤展示如下：

步骤1：区分不同订单类型。

订单类型是订单系统中很重要的一个环节，分为常规订单、拼团订单、预约（定金）订单、尾款订单、赠送订单等。

表4-2-1 订单类型

订单类型	交易节点	订单节点	履约节点	售后节点
拼团订单	下单校验的数据不同	存储不同如活动信息	订单支付后无法立即履约需要成团后才能履约	常规售后
预约（定金）订单	常规下单	记录用户的预约权益	订单暂停，预约订单不履约	不可部分退款，可退定金
尾款订单	有支付时限	记录尾款订单上关联的预约权益以及预约订单	正常履约	定金＋尾款一起退款
赠送订单	不需要用户触发下单	主动给用户赠送的商品生成的订单，区别于用户自己命中的买赠活动产生的订单	正常履约	无售后

订单类型的多样化产生的主要原因是前置有业务的各种营销诉求，如拼团、定金活动，又或者是为了促成转化，如直接给用户生成订单等，基于这些背景，订单作为交易链路中核心的一环，必须配合给予支持，因此衍生出了多种订单类型。

（1）拼团订单。

拼团活动也是近几年电商的一种新玩法：单个购买单价相对较高，和好友一起组成团购买，则可以享受团购优惠价，对用户而言，享受到了更低价；对平台而言，通过拼团这种方式可以增加商品曝光率，提升商品销量。

（2）预约订单。

预约订单也被称为定金订单：对用户而言，避免活动当天太火爆，商品库存不足，而自己手速太慢，错失宝贝；对商家而言，对商品库存有了更多主动权，避免不必要的囤积或缺货情况。

就如我们日常生活中预定一个蛋糕，或者预定一个包间一样，先支付一笔钱，"定了"某个东西，当实际交付的时候，再将剩下的钱支付完，当然，若此时你反悔不想购买了，那定金一般是不退的。

线上购物也是一样的，用户可以通过"预约付定金"的方式，将一笔款，分为定金＋尾款，预先支付定金后，在一定时间内支付尾款即可。

为了增加"预约付定金"活动的优势，一般情况下，定金都是可以"膨胀"的，那么实际支付尾款的时候，尾款 = 商品总金额－定金－膨胀金。

举个例子，某个商品售价200，定金交50，可膨胀50，那么尾款 =200-50-50=100，对用户而言，实付金额 = 定金＋尾款 =150元，比售价更优惠，膨胀力度越大，优惠力度就越大。

（3）尾款订单。

所谓尾款订单，其实就是把用户"预约的权益"进行最终交付。

尾款订单其实和常规订单没有太多区别，主要的区别点在于尾款订单需要基于定金订单进行算价，尾款单的履约项也是基于定金订单来进行的。

（4）赠送订单。

这里的赠送订单不同于用户下单后命中满赠或买赠活动而产生的订单。

这里的赠送订单是指系统自动为用户生成的一笔赠品单 /0元单，大多数是用来拉新、引流的赠品单，用户是无感知的。

举个例子，同样是0元单，一个是赠送订单，一个是用户主动下单后因为命中满减最终实付金额是0元，因为两者的交易链路不同，一般认为这是两种不同的交易类型。

虽然整体来看赠送订单的各个系统交互和常规订单是没有区别的，但是在售后场景下，赠送订单一般都是不支持售后的。

步骤2：订单处理。流程图如图4-2-1所示。

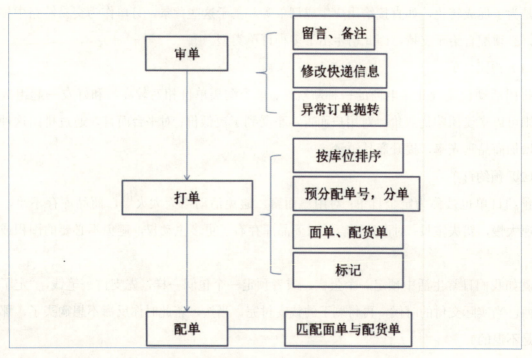

图4-2-1　订单处理流程图

任务思考

订单处理中，不同的订单可能出现哪些不同问题？

_____

_____

_____

_____

118

任务2-2 发货处理

任务目标

◆ 卖家收到客户订单后，需要按照客户订单的要求发出商品，到客户指定地址。

任务背景

某淘宝店铺进行了一段时间的经营，收到了不少客户订单，现需要根据客户订单进行发货处理。

任务操作

先对发货处理展开介绍如下：

步骤1：拣货，准确、认真核对订单，从配货、包装直到交运输人的过程中，要注意环环复核，进行可能的错位提醒和缺货提醒。

步骤2：验货，核对单货是否一致，根据客户要求打印发票，进行异常盘点。

步骤3：打包，检查包装，发货前要注意包装。

宝贝的包装是必须要注意的问题。

小饰品的包装应该尽量用小型的盒子，一是因为小饰品体积小且容易丢失，二是因为小饰品容易被压坏，三是因为买家买饰品一般会买很多，如果除了用盒子统一包装邮寄外，里面的每一个小饰品都分开包装，那么会让买家在收到宝贝时感到满意。

服装的包装应尽量做到大方和美观，且一定要用比较结实的袋子，因为快递外包装袋很容易破，如果外包装袋破了，那么里面的衣服很容易被弄脏。有专用袋子的一定要用专用袋子，这样可以给买家一个好印象。衣服一定要叠好，一定不要让买家收到的宝贝是皱的，否则无论是谁都不会开心。

鞋子的包装应尽量用原盒子，内部还要垫上纸，以免在运输的过程中由于鞋盒被压坏而使得鞋子变形。

易碎品的包装一定要用纸箱，纸箱里面再塞满报纸，以免由于晃动而造成宝贝碰撞破碎。如果有泡沫最好再垫上泡沫。外面的纸箱最好用透明胶布粘牢，这样能加固纸箱。

虽然不同类别的包装会有所差别，但大都要做到大方、美观、坚固，这样才能使宝贝安全地到达买家的手中。

正确安全装箱后，还要贴面单，进行封箱处理。

步骤4：进行最后的系统确认，及时发货。最重要的就是发货时限，指自订单成团之时算起，到上传物流单号后结束。商家要密切关注订单时间，以免错过发货时限；同时还要仔细确认快递单号上传是否正确，否则会被系统判定为物流异常订单。配发货处理流程图如图4-2-2所示。

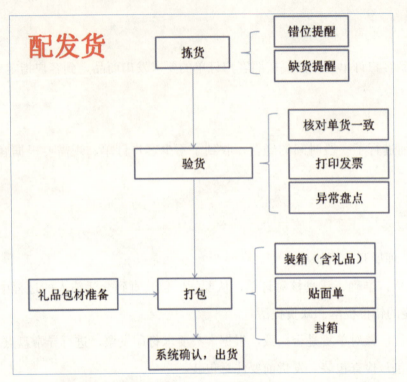

图4-2-2　配发货处理流程图

任务思考

发货处理中，最可能出错的环节是哪个？在操作中如何合理规避？

_____

_____

_____

_____

任务2-3　退换货处理

任务目标

◆ 电商业务中，不可避免可能出现退换货情况。当客户提出退换货需求时，卖家需要根据不同客户的情况，及时进行恰当处理，尽可能满足客户需求。

任务背景

某淘宝店铺进行了一段时间的经营，收到了一些退换货要求，现需要对这些退换货需求进行处理。当前主流的售后方式主要有仅退款、退货退款、换货和补寄四种。其中，按照流程可拆分为：换货（退货＋补寄）；退货退款（退货＋退款）；补寄；仅退款（退款）。

换货的原因主要有：商品有质量问题，商品因运输损坏，物流异常，商品和店家描述不符合，或者是店家发错了货以及其他买家方面的因素等。

任务操作

下面以淘宝平台为例展示处理退换货的流程与技巧：

步骤1：流程发起。

最常见的流程触发通常是在订单的售后入口中进行，用户可自主发起售后申请。淘宝平台上可以在淘宝订单的详情页中找到退换货的入口，通过选择"我要换货"后进入换货申请页面。用户可在申请中选择自己需要更换的商品，限制是只能更换同一个SPU（商品链接）下当前有库存的商品。换货处理流程如图4-2-3所示。

同时为了提升用户体验，往往也是支持前台客服在收到用户反馈后，替用户在客服后台录入售后工单进行触发。两种方式创建的工单最终都需要经过商家／售后客服的审核确认才会进入后续的流程。

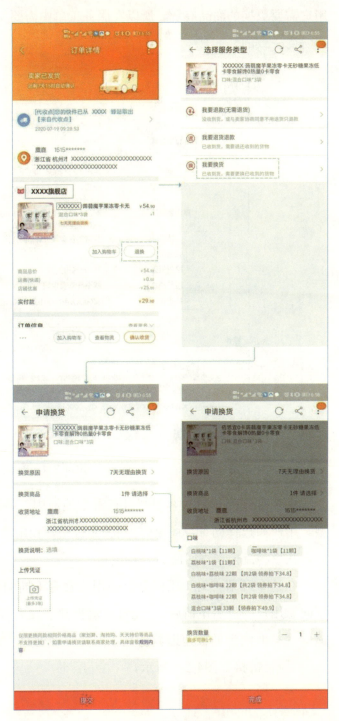

图4-2-3　换货处理流程

步骤2：商家／客服处理。

售后客服在客服中心对售后订单进行处理审核（如图4-2-4），审核会有2种结果：申请通过或拒绝换货。客服通过用户上传的凭据及描述，或者线下联系用户了解详情来判断是否同意本次售后。

需要注意，用户发起申请到客服处理订单中间会有时间差，因此在客服审核时不能保证用户需要更换的商品有货，所以在服务工单中需要支持商品的更换。当前更换商品是需要和用户协商一致的。

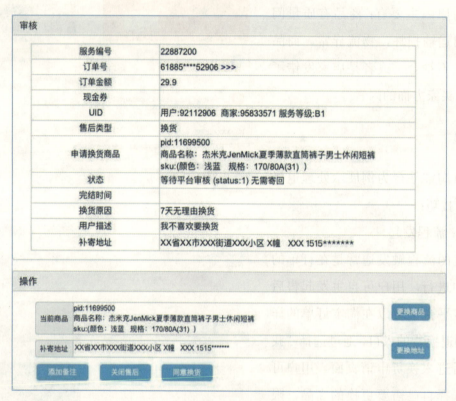

图4-2-4　审核处理

用户如拒绝售后，客服则可查看拒绝原因，并且支持用户发起仲裁／申诉或修改售后类型。用户如选择同意，商家则生成0元订单，锁定换货商品的库存。客服则开放退货入口，用户可联系物流公司寄回商品。

在这个环节，对于不同分层的用户会有不同的订单处理策略，比如对于优质用户，在商家同意用户的售后申请后，0元订单就正常下发进行发货，不需要等收到用户退货，提升用户体验（类似淘宝的极速退款，是在退货申请通过后即将货款退还给用户，而非商家确认收货后）。换货链接如图4-2-5所示。

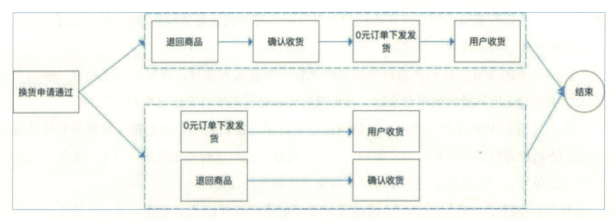

图4-2-5 换货链路

从上面的流程图可以看出，对于换货链路可拆分成2大部分：退货商品返仓、换货商品发货。

步骤3：退货商品返仓。

常规的退货链路处理是比较简单的，用户联系物流公司，寄回商品后在App中录入物流信息，订单系统在此时触发创建销退单下发至WMS（仓库管理系统），仓库人员根据销退单中的物流单号匹配实物物流单号进行收货。用户如果超时未填写物流单号则售后单自动关闭。

但实际场景中往往没有这么理想，下面分享2个比较常见的异常场景：

（1）无头包裹。

无头包裹是指，用户并没有在系统中提交物流信息，而直接自行寄回商品导致仓库无法判断货品归属订单，无法按单收货的包裹。

这种情况比较常见，因此WMS中销退单通常是允许仓库用户自建的，建单时要求收货人员录入准确的物流信息。而这类订单往往是需要在用户事后录入物流信息，或客服主动联系用户获取信息，并代为录入后进行单据关联。否则售后订单将无法正常关闭，且对于财务来说，账面是不平的。

（2）退货商品不符。

用户实际寄回的商品和退货申请中的商品不符，通常是用户失误，如双十一由于要退的商品太多导致给错包裹导致退款失败的情况。当然这种情况也不排除有用户是利用一些平台漏洞恶意为之。因此对于销退单来说，验收环节的数据是需要反馈到服务工单中，由客服人员及时跟进处理的。

此外，对于入驻商家，需要在商品平台支持商家在收货异常时发起仲裁，避免造成不合理的商家损失。

步骤4：换货商品发货。

换货商品的发货是通过系统服务工单信息，自主创建0元订单实现的。0元订单创建后，根据用户等级售后策略不同会存在不同的下发时间。通常包括退货验收触发0元补寄订单下发和工单审核通过后下发两种方式。

换货订单的发货实际和普通订单的发货流程不会有太大差异，在发货实操环节的感知并不大。但是对于出货量大的平台仓库，是可以增加策略优先支持普通订单的发货的。

在换货流程中主要涉及的核心单据包括原始订单、售后工单、销退单（退货单）及补寄订单。售后服务是基于原始订单发起的，但不会对原始订单进行变更处理，订单只需要考虑关联服务工单号并同步其服务进度即可，不需要过多额外的设计。

补寄订单除了类型和订单关闭机制与普通订单不一致外，其余处理均可以参照普通订单进行设计。补寄订单的关闭同时是由于售后取消或商品退回收货异常所触发的。

销退单主要是为了跟进用户退回商品，因此销退单的创建是基于用户物流信息的录入，而销退单状态的变更则是基于仓库的收货。

售后工单作为衔接用户和商家的单据，需要记录完整的售后链路包括退回、验收、补发、仲裁（如果有的话），以及过程中客服与用户的联系沟通记录等都是记录在此工单中。因此单据流转的状态相对还是比较复杂的，可参见图4-2-6。

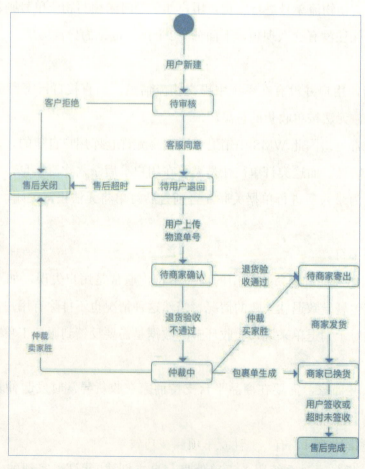

图4-2-6　售后全流程

通过上文的流程概述，我们可以总结换货整体流程图可绘制如图4-2-7（流程图为简化版，不考虑用户分层、特殊情况和系统间的细节交互）：

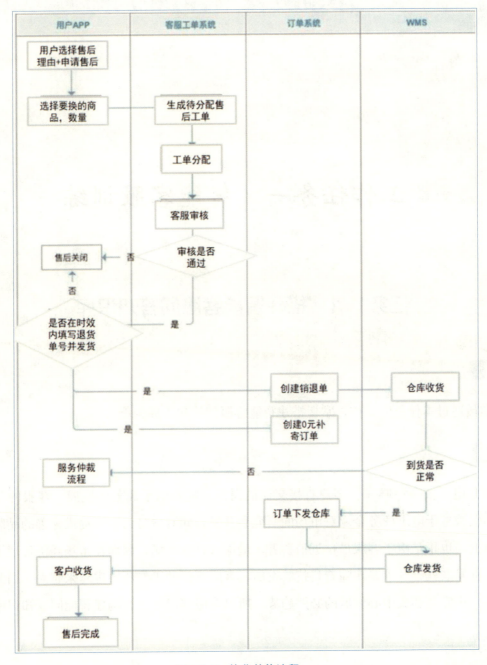

图4-2-7　换货整体流程

任务思考

卖家进行退换货处理时，有哪些注意事项和技巧？

工作领域五　客户服务

工作任务一　智能客服训练

任务1-1　搭建智能客服问答知识库

任务目标

◆ 学员通过本任务的操作，掌握搭建智能客服问答知识库的能力。

任务背景

客服是电子商务中唯一与客户直接交流的岗位，随着电子商务的发展，客服的角色日益突出，不仅服务于电子商务企业对市场的研究和开发，同时也是为客户提供完善的品牌服务所必不可少的。也正是由于客服最贴近消费者，最深入目标市场，因而在市场经济环境下，其对企业的生存发展就越发重要。随着科技的发展，客服部门的工作压力也越来越大，因此，建立一个问答知识库是客服中心发展的必然趋势。所以客服部门是怎么构建智能问答知识库的？

任务操作

请阅读以下任务资料，根据任务背景，为这家网店的几个客户聊天互动设计单轮问题问答知识库。

任务分析：李然是某箱包网店的客服主管，在网店运营过程中发现店铺近期客户流失率很高。通过调查分析发现，在客服高峰期，尽管人工客服岗位已经全员上岗，但仍无法高效接待回复客户的问题，转化率很低。原因是客服在聊天互动的过程中，响应速度慢，客户一个问题问了好久客服无法及时回应，或者回复间隔时间太长。因此，李然决定采用智能机器人为客服减少压力，提高响应速度，减少客户流失。请为该网店构建智能应答知识库。

搭建智能客服问答知识库时，参照如下步骤进行操作：

步骤1：明确单轮问题设计目标。单轮问题即一问一答式（Q → A）的问题，提前整理业务场景会出现的高频问题，一一对应答案和解决方案。

步骤2：筛选高频问题，提供标准化答案。客服首先需要筛选出服务中遇到的高频问题和常见问题，再根据这些问题在知识库中逐一提供最为标准化的答案。将筛选出来的高频问题及标准化答案填入表5-1-1。

表5-1-1 高频问题和常见问题及其标准化答案

高频问题和常见问题	标准化答案

步骤3：搜集富文本资料。对表5-1-1问题及答案涉及的内容，事先准备好富文本资料库

如果你想要你的回复更加"精彩"，标准答案里还可以插入图片、视频、音频、超链接、附件等富文本编辑，传递更丰富的信息，让消费者进行选择。将搜集到的富文本资料填入表5-1-2。

表5-1-2 富文本资料库

图片	
音频	
视频	
超链接	
附件	

步骤4：为同一个答案做好不同问题的应对。这里要注意，单轮问题不只是"一问一答"。消费者的提问方式千变万化，一个核心信息就能有数种问法，比如在询问"华为MATE40多少钱"的问题时，消费者也可能问"华为MATE40"，而这两个问题本身对应的都是一个答案，所以为了让机器人能快速识别更多问题，在添加完一个标准问题后，最好再添加几个相似问

法，尽可能将问题覆盖全面。填写表5-1-3。

表5-1-3 不同场景的单轮问题设计

场景1：买家主动简单问好		卖家的回复（客服"小艾"）
	1	
	2	
	3	
	4	
	5	
场景2：买家因钱包价格太贵放弃购买（未成交订单，从引导买家关注店铺"艾迪箱包"角度进行礼貌告别）		卖家的回复
	1	
	2	
	3	
	4	
	5	
场景3：买家想买双肩包，就双肩包的防水问题进行咨询		卖家的回复
	1	
	2	
	3	
	4	
	5	
场景4：买家有一个11寸的电脑，想买一个可以装电脑的双肩包		卖家的回复
	1	
	2	
	3	
	4	
	5	

任务反思

查看淘宝同类型店铺，通过客服响应速度和客户需求来分析，列举哪些问题不适合用智能客服应答，并说明理由。

_____

_____

_____

_____

任务1-2　测试智能客服知识库

任务目标

◆ 学员通过本任务的操作，掌握测试智能客服问答知识库的能力。

任务背景

搭建好智能客服知识库之后，需要将这些内容导入到客户服务系统中，做好匹配关系。强大的知识库可以应对各种各样的问题，可以提高客服的工作效率。近年来越来越多的电商企业采用智能客服机器人来缓解客服高峰时的工作压力，然而，在诸多投诉问题当中，智能客服答非所问等情况日渐突出，成为客服投诉的焦点问题。因此，搭建好智能客服知识库之后，还需要对知识库进行测试，进一步发现实际运行当中的具体问题，不断进行优化调整。

任务操作

请阅读以下任务资料，根据任务背景，为这家网店的智能客服应答知识库进行测试。

任务分析：李然是某箱包网店的客服主管，在网店运营过程中发现店铺近期客户流失率很高。通过调查分析发现，部分买家虽然与客服进行了高频率的沟通，但是并未成交。原因是客服在聊天互动的过程中，智能机器人没有针对客户的询问做出清晰的回复，经常答非所问。因此，李然决定针对已经搭建好的智能客服应答知识库进行测试，优化智能机器人回复话术，提高服务质量，减少客户流失。请为该网店的智能应答知识库设计测试方案。

测试智能客服问答知识库时，参照如下步骤进行操作：

步骤1：测试业务词。业务词的设置目的是让机器人能够更顺利地匹配到答案，因为在客户咨询的时候，知识库将问题进行匹配通常是将客户的问题分成多个词语，再去匹配知识库的问题及获取答案。对业务词的测试可以通过核心关键词的提问，检验其是否最大程度匹配到相关问题。请将测试结果填入表5-1-4。

表5-1-4　业务词的测试

业务词	相关问题	标准化答案	测试结果

步骤2：同义词的测试。机器人在不能完全匹配到客户某个问题的情况下会匹配到相似问题推荐给客户，这是为了配合不同客户的提问习惯。同义词的目的也是这样，由于每个人说话的方式和用语不一样，很多时候不同的词语都是为了表达相同的意思，所以为了使机器人更好地匹配知识库，我们将意思相近的词语设置成一个标准问题的同义词。对同义词的测试首先找到标准词，其次可以尽可能地搜集不同用户的提问习惯，检测这些提问习惯是否与标准词匹配到同一个答案。根据测试结果，填写表5-1-5。

表5-1-5　同义词的测试

标准词	同义词	标准化答案	测试结果

步骤3：敏感词测试。敏感词属于电商企业比较关注的一类词语，目的是电商平台的咨询热词。测试敏感词时，可设置一些想要关注的词语看看访客咨询机器人的时候提到这些你设置的敏感词的都有哪些、提及次数是多少等，比如：投诉，退换货，预约，退款这些等等。可设置一个周期，查看敏感词的提及次数。将测试结果填入表5-1-6。

表5-1-6　敏感词统计

敏感词	周期统计（周、月、季）
换货	
退货	
预约	
退款	
……	

任务反思

有些访客会言辞不文明或使用一些国家规定的禁用词,这种情况下我们可以通过设置好的禁用词提示访客更换提问方式。请了解不同电商平台都有哪些禁用词。

_____

_____

_____

_____

工作任务二 客户关系维护

任务2-1 搜集客户信息

任务目标

◆ 学员通过本任务的操作,掌握搜集客户信息的能力。

任务背景

客户信息是企业资源的组成部分。客户不仅是普通的消费者,而且是信息的载体,能有效为企业提供包括有形物品、服务、人员、地点、组织和构思等大量信息。而信息是不能脱离客户而单独存在的,它成为企业争夺的重要资源。网络世界浩如烟海,我们如何找到自己需要的客户信息和资料?

任务操作

请阅读以下任务资料,根据任务背景,为这家网店的客户进行信息搜集。

任务分析:李然是某箱包网店的客服主管,近期网店上线了几款新品,通过一系列的运营推广活动,咨询新品的客户越来越多。李然想要更深入了解这几款新品的客户,他要求客服人员分析咨询新款的客户沟通记录,搜集这些客户的信息,以便更好地了解客户的需求,调整产品的卖点和推广方式,为新款产品找到适合的客户群体,提高咨询转化率。请根据客户沟通记录，搜集客户信息。

步骤1：分析新品上线以来的客户咨询记录和购买记录

步骤2：导出购买记录，将客户的基本信息及购买信息填写到表格5-2-1：

表5-2-1　客户购买信息

客户昵称	收件人	联系方式	收件地址	成交时间	购买款式、颜色	商品图片	新/老客户	成交金额
……								

设计客户信息表。包括客户的咨询时间、年龄、居住地区，所咨询产品的图片、材质、款式、搭配、颜色，咨询时长、次数等信息，并将这些信息整理成 Excel 表格。

步骤3：分析咨询新款客户沟通记录，设计客户信息表格，如表5-2-2所示。

表5-2-2　咨询新款的客户信息

客户昵称	新/老客户	咨询款式、金额	咨询时长	关注的问题	商品链接	客户来源渠道	未成交的原因	是否具备购买潜力
……								

任务反思

电子商务的客户信息收集与传统线下客户的信息收集存在哪些区别？具有哪些优势和劣势？

_____

_____

_____

_____

任务2-2 完成客户分类

任务目标

◆ 学员通过本任务的操作，掌握客户分类的能力。

任务背景

客户分类的目的不仅仅是实现企业内部对于客户的统一有效识别，也常常是实现目标客户的挖掘，支撑企业以客户为中心的个性化服务与专业化营销的有效途径。客户分类可以对客户的消费行为进行分析，也可以对顾客的消费心理进行分析。企业可以针对不同行为模式的客户提供不同的产品内容，针对不同消费心理的客户提供不同的促销手段等。与传统企业相比，电商企业是如何对客户进行分类的呢？

任务操作

请阅读以下任务资料，根据任务背景，为这家网店的客户进行分类。

任务分析：李然是某箱包网店的客服主管。网店经营各种各样的箱包，最近网店上线了几款新品，但业绩却有所下滑。经过对新款箱包的客户进行搜集，李然发现新产品与原来产品的客户存在很大的差异，而网店的经营方式和服务方案却没有发生变化，因此，李然决定在客户信息搜集的基础上，对网店的客户进行分类，以便针对不同的客户提供不同的服务方式和促销手段。请你帮助李然完成客户分类。

步骤1：分析目标客户。在淘宝网上选择一家箱包旗舰店，将以下信息填写到空格处。

针对所选网店进行目标客户分析。请同学们按照自己选择的网店类型回答下面问题。

（1）我们选择的网店类别是：_____。

（2）该类别指向的目标客户是：_____。

步骤2：以步骤1选定的网店为研究对象，对该网店的目标客户群体进行初步识别与分析，并将相关结果填入表5-2-3。

表5-2-3 网店客户群体的识别与分析

分析指标	主要的客户群体	对该群体主要特点的分析	备注
为网店提供收入的客户群体			
产品或服务的主要购买决策者			
产品或服务主要的受益者			
分析结论			

步骤3：以步骤1中选定的网店为研究对象，分别对通过现有业务的分析、市场调查的开展、网络平台的调研等3个渠道掌握的客户资源进行初步整理，并给出相应的调研结论，填入表5-2-4。

表5-2-4 企业不同客户群体特征分析

分析指标	典型客户（10个）	主要特征	备注
对现有客户的调研分析	1. 2. 3.		
对潜在客户的市场调查	1. 2. 3.		
对网络客户的调研分析	1. 2. 3.		
分析结论			

任务反思

网店客户的消费心理有什么特点？针对这些特点，客服人员应该如何应对？

_____

_____

_____

_____

任务2-3 制定差异化营销服务

任务目标

◆ 学员通过本任务的操作，掌握制定差异化营销服务的能力。

任务背景

随着人们生活水平不断提高，物质和精神需求也在不断提高并且不断在改变，消费者的消费习惯和喜好也是在随着时代的发展在改变，这也是现在很多人会产生"冲动消费"的原因之一。想要提高销量，就必须满足不同人群的消费心理和消费习惯，因此，差异化营销就显得越来越重要。电子商务时代，企业应该如何制定差异化营销服务，提升自身产品和服务在市场上的竞争力？

任务操作

请阅读以下任务资料，根据任务背景，为这家网店制定差异化的营销服务方案。

任务分析：李然是某箱包网店的客服主管。在完成客户信息搜集，并且对客户进行分类之后，为了提高网店的竞争力和转化率，李然需要根据网店经营的各种各样的箱包，针对不同的客户群体提供不同的服务方式和促销手段。请你帮助李然制定差异化服务营销策略。

步骤1：确定基本的服务人群。根据产品或者服务来确定基本的服务人群，从而确定基本的年龄阶段、服务对象收入阶段、服务对象文化水平等。请将分析结果填入表5-2-5。

表5-2-5 目标客户定位细分

类别	客户层面	收入水平	客户构成	配比
核心客户				
重要客户				
潜在客户				

步骤2：分析目标客户的共同需求点。在分析目标用户的需求和目标客户人群之后，就需要分析你的目标客户的共同需求点，也就是产品所对应的客户人群最想要得到解决的共同问题。请将分析结果填入表5-2-6。

表5-2-6　目标客户的共同需求分析

客户类别	需求分析	反对问题	解决方案	在售产品

步骤3：将需求点纳入营销计划。将你分析出来的目标客户需求点做到你的差异化营销服务方案里。同时将你的目标客户所担心的问题放大，并列举出来。请将分析结果填入表5-2-7。

表5-2-7　客户痛点分析

客户类型	在售产品	价格	款式	材质	性能	产品特色	服务特色

步骤4：分析竞争对手将需求点纳入营销计划。将竞争对手在推广运营时候的亮点整理出来并分解。一般来说亮点包括：品牌化、价格战、突出产品或者是服务、营销渠道、预计效果。从而提取出你的可竞争的亮点，并制作到差异化营销服务方案里面。请将竞争对手的分析结果填入表5-2-8：

表5-2-8　竞争对手分析

竞争对手的数量及经营实力	
竞争对手的市场占有率	
竞争对手的技术	
竞争对手的策略与手段	
竞争对手的产品	
竞争对手的客户分析	

任务反思

现如今，产品同质化现象日益严重，企业如何通过差异化营销服务占有一席之地？

_____

_____

_____

_____

工作领域六　商务数据分析

工作任务一　电子商务数据获取

任务1-1　网店推广数据采集

任务目标

◆ 在店铺做免费推广或付费推广时，需要对推广效果进行监控并随时调整推广策略，因此，就需要对推广相关数据进行采集。

任务背景

某淘宝网店进行了一段时间的直通车推广，但是订单量增长不够明显。因此，就有必要对近一个月每天推广的展现、点击、收藏、加购等数据进行采集。

任务操作

推广效果数据采集，其操作步骤和关键节点展示如下：

步骤1：确定数据来源。

每个电子商务平台都有不同的推广工具，每个网店也有不同的推广渠道。以直通车为例，推广数据可在直通车后台【报表】板块中进行采集，如图6-1-1所示：

图6-1-1　直通车后台【报表】板块

步骤2：确定采集指标。

根据任务需求分析可以确定，采集的指标有点击量、展现量、收藏宝贝数、收藏店铺数、总成交金额、总收藏数、直接购物车数、间接购物车数、间接成交笔数。

步骤3：确定采集范围。

根据任务分析可以确定采集范围为近一个月的数据。

步骤4：制作数据采集表，如图6-1-2所示。

直通车推广数据采集表								
日期	点击量	展现量	收藏宝贝数	收藏店铺数	总收藏数	直接购物车数	间接购物车数	间接成交笔数	总成交金额

图6-1-2　直通车推广数据采集表

步骤5：数据采集。

根据采集平台、采集数据指标将所采集的数据填入数据采集表。

任务思考

查看直通车后台功能，列举哪些模块可以采集网店的销售数据，并说明如何采集。

_____

_____

_____

任务1-2 市场行情数据采集

任务目标

◆ 市场交易额（量）的变化反映了一定时期内某产品的市场销售趋势，但对于一些小类目的产品而言，往往很难采集到这部分数据。因此可以通过产品相应关键词的搜索指数变化来反映用户对于该类产品的关注度及产品的年度交易额数据。

任务背景

在电商项目立项之后，企业需要对所经营产品进行商品结构规划和价格体系建设以及商品卖点挖掘等工作。

某网店准备销售智能家居类商品智能门锁，要求数据分析岗位的小王对淘宝网智能家居类产品智能门锁市场数据进行采集，对智能门锁近三年的市场趋势进行分析，以此来确定是否进行智能门锁产品的销售。

任务操作

市场行情数据采集，其操作步骤和关键节点展示如下：

步骤1：确定数据来源。

百度搜索和360搜索是目前国内用户量比较大的两个平台。以百度为例，作为全球最大的中文搜索引擎，其提供的指数工具是依据百度搜索数据所得，因此该数据参考度较高，可以将智能门锁相关关键词的百度指数数据作为数据采集源。

步骤2：确定采集指标。

此任务中数据指标为相关关键词的搜索指数，而指数数据是按日期进行展现。因此，按照全面和精选原则，此处须对关键词指数及对应日期两项指标进行采集。

步骤3：确定采集范围。

任务要求采集近三年的市场趋势数据，因此在采集时根据采集时间前推三年开始采集。

步骤4：导出截图。

在百度指数分别搜索相关关键词（如智能锁、电子锁等），选择时间段，获取相应数据，并将截图粘贴至文档中，如图6-1-3。

图6-1-3　"智能锁"搜索指数趋势图

步骤5：数据采集。

根据采集数据指标将所采集的数据填入数据采集表。

任务思考

查看百度指数功能，列举智能锁的需求图谱和人群画像，并说明如何采集。

_____

_____

_____

_____

任务1-3　竞争对手数据采集

任务目标

◆ 在电商企业经营过程中，对竞争对手进行分析，可以帮助决策者和管理层了解竞争对手的发展势头，为企业的战略制定与调整提供数据支持。

任务背景

某淘宝网店准备销售智能门锁产品，为了确定一个合理的市场销售价格，要求数据分析岗位的员工小王对竞争对手的产品月销量超过500的销售价格、品牌、销量等数据进行采集。

任务操作

竞争对手数据采集，其操作步骤和关键节点展示如下：

步骤1：确定数据来源。

根据商品销售平台，确定数据来源。如在淘宝平台进行销售，则竞争店铺在淘宝平台。

步骤2：确定采集指标。

包括销售价格、品牌、月销量三项关键数据的采集，除此之外还应包括产品名称、商品链接等指标，以方便后期对竞争商品进行跟踪分析。

步骤3：制作数据采集表。

根据步骤2所确定的采集指标制作数据采集表格，如图6-1-4所示：

智能门锁产品竞争数据采集表				
商品名称	链接	品牌	价格	月销量

图6-1-4 "智能门锁"产品竞争数据采集表

步骤4：确定采集范围。

根据任务要求，采集数据为月销量超过500的商品数据，因此，采集过程中首先需要按照销量排序，然后选择月销量超过500的商品，按照步骤2中所确定的数据指标进行采集。

步骤5：数据采集。

在淘宝平台，搜索智能门锁相关关键词，按照销量排序，选择月销量超过500的竞争对手商品进行标题、链接、品牌、价格、月销量等数据的采集，并填入数据采集表。

任务思考

在采集竞争对手数据过程中，如何避免侵犯他人商业秘密？并说明理由。

_____

_____

_____

_____

工作任务二 电子商务数据清洗

任务2-1 空值、重复值清洗

任务目标

◆ 随着电商市场竞争加剧，越来越多的商家开始思考如何引入精准流量：我的顾客是谁？有什么消费偏好？商品定价应该偏向于哪个区间？什么样的促销更能吸引他们？用户画像为网店提供了足够的信息基础，被广泛地接纳和使用。

◆ 所谓用户画像，即用户信息标签化，通过收集与分析消费者社会属性、生活习惯、消费行为等主要信息的数据，抽象出一个用户的商业全貌。用户画像能够帮助商家快速定位用户群体及用户需求，进行精准的广告投放，提高转化率及客单价。

任务背景

2019年的年中大促即将到来，某电子商务企业部门经理为避免决策主观化，安排小周对店铺访客的各项数据进行处理，绘制网店访客的用户画像，为即将到来的促销活动选品、推广、促销及仓储安排提供参考。

任务操作

加工静态信息数据，统计出年龄、性别、地域等分布情况，用来指导店铺选品、重点推广人群、仓库的存货分配等，其操作步骤及关键节点成果展示如下：

步骤1：数据获取。

学员点击获取小周所在企业的会员信息数据，下载报表后，学员以个人为单位，使用 Excel 工具打开，打开后的效果如图6-2-1所示。

会员编号	用户名	年龄	性别	常住地区	职业
NO1002119	英半elie8	33	女	河南	
NO1002015	妙之ein	40	女	河南	医务人员
NO1002100	柳妍y74	29	男	天津	
NO1002023	雨more31	41	女	浙江	工人
NO1002028	妍静emor5	24	女	浙江	公务员
NO1002024	之幕nlov5	40	女	四川	工人
NO1002071	童书ores	27	女	天津	医务人员
NO1002109	怡畅Ifi	30		河南	工人
NO1002077	千风eint130	30	女	天津	医务人员

图6-2-1 会员信息表部分截图

143

步骤2：数据清洗。

为提升数据的质量，确保数据的准确性、完整性和一致性，学员需要使用数据清洗方法对数据表进行去重、补缺和纠错等操作。重复数据清洗后的效果如图6-2-2所示，空值单元格填充内容"未知"，效果如图6-2-3所示。

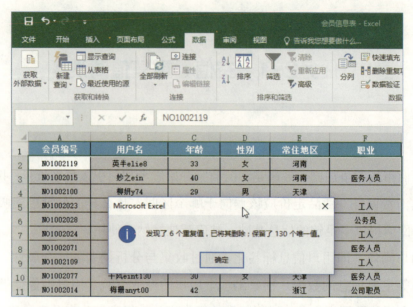

图6-2-2　重复数据清洗

图6-2-3　空值清洗

步骤3：用户年龄分布统计及占比计算。

利用countif函数或者筛选工具统计出不同年龄段的用户数，然后利用公式分别计算出各自的占比，结果如图6-2-4所示。

年龄段	用户数	占比
18岁以下	8	6.15%
18~25岁	32	24.62%
26~30岁	57	43.85%
31~35岁	12	9.23%
36~40岁	10	7.69%
41~50岁	7	5.38%
51岁及以上	4	3.08%

图6-2-4　用户年龄分布及占比

步骤4：用户性别分类统计及占比计算。

利用countif函数或者合并计算方法对用户按性别进行人数统计，然后利用公式进行占比计算，结果如图6-2-5所示。

性别	用户数	占比
男	41	31.54%
女	66	50.77%
未知	23	17.69%

图6-2-5　用户性别占比

步骤5：用户地域分布统计及占比计算。

利用countif函数或者合并计算方法统计出各地区的用户数，然后利用公式分别计算出各自的占比，结果如图6-2-6所示。

地域	用户数	占比
河南	25	19.23%
天津	28	21.54%
浙江	25	19.23%
四川	25	19.23%
广东	27	20.77%

图6-2-6　用户地域分布及占比

步骤6：数据整理。

学员需要在Excel中新建3个新工作表，分别命名为"年龄分布及占比"、"性别占比"和"地域分布及占比"，然后将步骤3、步骤4、步骤5中的结果粘贴过去，并进行表格美化，包括行高列宽、字体、边框、字体颜色、填充颜色等。

任务思考

企业会员的用户画像除了以上列举的字段，你还能说出其他常见字段吗？

_____

_____

_____

_____

任务2-2　异常值处理与数据类型修改

任务目标

随着电商的发展，用户对于物流时效的感知和要求越来越高。企业通过订单时效的分析，可以向消费者表达并提供具有确定性时效的物流服务，有效缓解消费者等待的焦虑感，以此来提升消费者的物流体验，实现商家、消费者、平台和快递公司的共赢。

任务背景

某手机品牌天猫专卖店运营经理近日发现，关于物流时效的投诉及负面评论增多，同时物流咨询量飙升，于是安排小周对店铺近30天的物流数据进行分析，着重表达订单时效，为接下来的快递选择、跟进及物流咨询回复提供客观参考，以拉升用户物流服务体验。

任务操作

订单时效分析的操作步骤及关键节点成果展示如下：

步骤1：数据获取。

学员根据路径"生意参谋"—"物流"—"物流分布"进入如图6-2-7所示页面，修改统计时间，以30天为时间维度，选定"揽收包裹数"、"平均支付－签收时长（小时）"、"物流差评率"以及"签收成功率"四个指标，然后点击不同物流公司进行切换查看，并将数据摘录出来，在Excel中整理成表。学员还可以通过下载获取该数据报表，下载后使用Excel工具打开，效果如图6-2-8所示。

图6-2-7 生意参谋"物流分布"页面

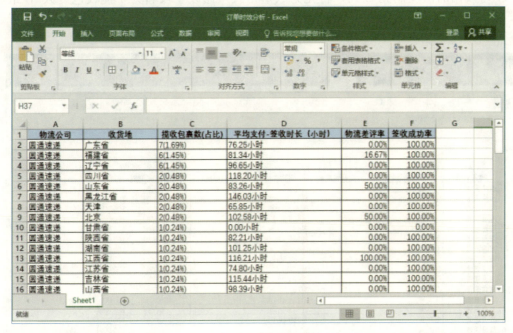

图6-2-8 物流数据表

步骤2：数据处理。

工作表中的数据不利用数据计算与分析，因此需要进行数据处理。"揽收包裹数（占比）"列中的数据需要清除占比，只留包裹数。以G列为辅助列，在G2单元格中输入公式"=LEFT（C2，SEARCH（"（"，C2）-1）"，完成C2单元格中数据占比的清除，然后使用填充柄向下拖动，完成其他行的数据清除，如图6-2-9所示。

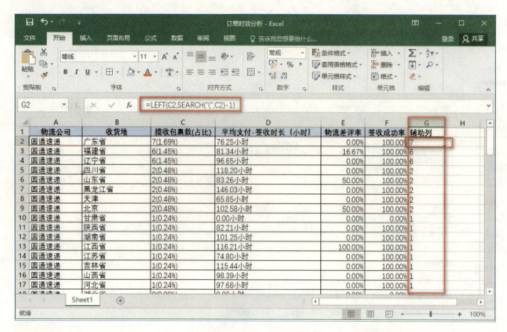

图6-2-9　LEFT 函数计算

将 G 列数据的值复制到 C 列,转化为数字格式,修改字段名为"揽收包裹数",最后将 G 列删掉,结果如图6-2-10所示。

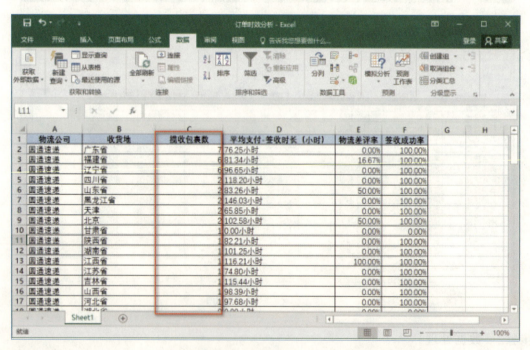

图6-2-10　C 列数据格式转换

同理,使用 LEFT 函数清除 D 列数据中的"小时"字符,结果如图6-2-11所示。

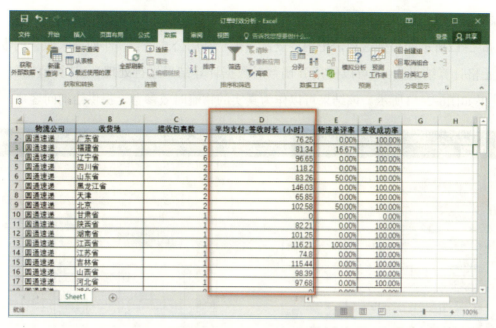

图6-2-11　D列数据字符清除结果

步骤3：数据清洗。

"揽收包裹数"指标过小，数据分析则没有意义，因此这里需要将"揽收包裹数"值小于5的字段删掉。学员可利用排序或筛选工具完成此项操作，清洗后余31条记录。

步骤4：创建数据透视图和数据透视表。

插入数据透视图和数据透视表，选择要分析的数据及放置数据透视表的位置，在右侧"数据透视图字段"编辑区添加字段，修改"平均支付－签收时长"的值汇总方式为求平均值，结果如图6-2-12所示。

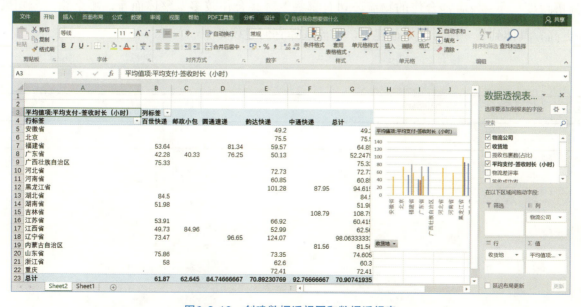

图6-2-12　创建数据透视图和数据透视表

149

步骤5：数据计算。

将图6-2-12所示的数据透视表中内容复制出来，利用公式进行“小时→天数”的数据计算（空值单元格计算结果为0，可以使用 if 函数对数据计算结果进行处理），计算值以1位小数点展示，结果如图6-2-13所示。该结果可以作为真实的物流时效参考，提供给询问客户。

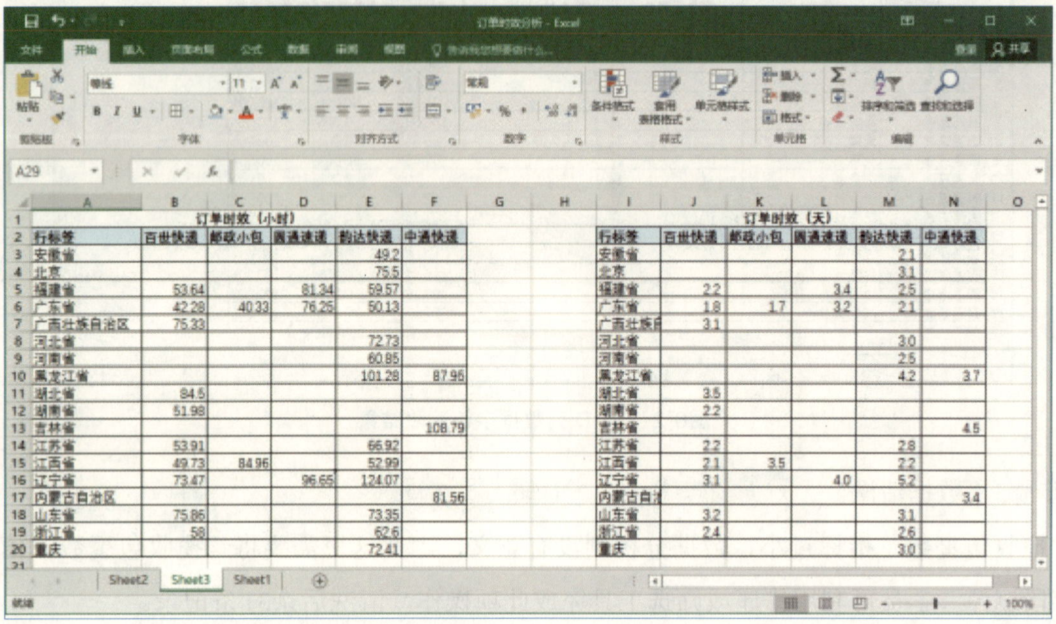

订单时效（小时）

行标签	百世快递	邮政小包	圆通速递	韵达快递	中通快递
安徽省				49.2	
北京				75.5	
福建省	53.64		81.34	59.57	
广东省	42.28	40.33	76.25	50.13	
广西壮族自治区	75.33				
河北省				72.73	
河南省				60.85	
黑龙江省				101.28	87.96
湖北省	84.5				
湖南省	51.98				
吉林省					108.79
江苏省	53.91			66.92	
江西省	49.73	84.96		52.99	
辽宁省	73.47		96.65	124.07	
内蒙古自治区					81.56
山东省	75.86			73.35	
浙江省	58			62.6	
重庆				72.41	

订单时效（天）

行标签	百世快递	邮政小包	圆通速递	韵达快递	中通快递
安徽省				2.1	
北京				3.1	
福建省	2.2		3.4	2.5	
广东省	1.8	1.7	3.2	2.1	
广西壮族自	3.1				
河北省				3.0	
河南省				2.5	
黑龙江省				4.2	3.7
湖北省	3.5				
湖南省	2.2				
吉林省					4.5
江苏省	2.2			2.8	
江西省	2.1	3.5		2.2	
辽宁省	3.1		4.0	5.2	
内蒙古自治					3.4
山东省	3.2			3.1	
浙江省	2.4			2.6	
重庆				3.0	

图6-2-13　数据计算

任务思考

通过图6-2-12的数据透视图和数据透视表的分析，可以得出哪些结论？又有哪些建议？（分析角度提示：该店铺合作的物流公司有哪些？哪些合作较多？整体而言，哪个物流公司效率更高？具体到某一地区，如福建省，物流选择有何建议？）

____

____

____

____

第二部分

三级部分

工作领域七　产品及服务信息管理

▲ 工作任务一　产品及服务品类信息管理

任务1-1　根据品类规划设置产品及服务品类信息

任务目标

◆ 通过本任务的操作，掌握根据品类规划设置产品及服务品类信息。

任务背景

在电商运营过程中，商品都会以分门别类的方式将商品整齐地进行规划，商家在发布商品时是需要通过逐级的方式来进行发布的。合理科学的品类规划能够避免电商销售的盲目性，有利于制定优势的定价体系和促销策略。品类设置不正确还可能被平台展现异端或者导致平台扣分，甚至导致店铺经营管制。正确设置品类信息，能更好提升电商运营效果。准确的类目放置能提高你设置的宝贝关键词的排名。小李在店铺运营时，通过市场分析做好了服饰大类品类规划。请根据品类规划设置产品信息。

任务操作

步骤1：明确品类规划。

后疫情时代下，全球产业逐步走出阴霾，中国服饰行业在政策扶持、居民消费结构优化、整体数字化的技术变革多元化布局下走入高质量发展阶段。在变革之下，淘系服饰销售规模稳健增长，其中女士鞋服领头消费信心。对比近三年淘宝天猫大服饰行的总销售额、复合年均增长率高,消费升级趋势尤为明显。因此,小李选择女装这个品类。

步骤2:分析类目竞争度和类目市场容量,打开千牛工作台,选择数据模块,点击"市场",接着点击搜索分析,输入搜索产品核心词,具体操作如图7-1-1。选择相关分析并将日期设置为7/30天,然后勾选搜索人气、点击率、支付转化率、在线商品数、商城点击占比这几个数据。具体操作如图7-1-2。

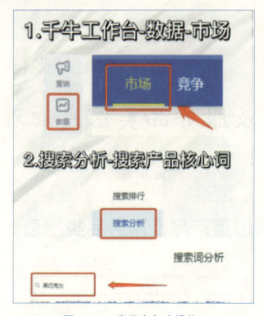

图7-1-1　类目竞争度操作1

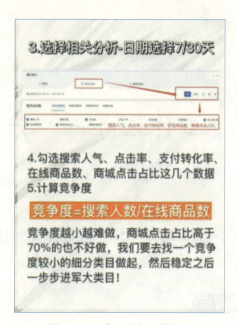

图7-1-2　类目竞争度操作2

最后计算类目竞争度,并将分析结果填入表7-1-1。

表7-1-1　类目竞争度和类目市场容量分析

	类目竞争度	类目市场容量
羽绒服		
毛呢外套		
毛衣		
裤子		

步骤3:用"快速找到类目"功能检索类目,并将检索结果填入表7-1-2。

表7-1-2　类目检索整理

	一级类目	二级类目	三级类目
羽绒服			
毛呢外套			
毛衣			
裤子			

步骤4：明确属性完善品类信息，并填入表7-1-3。

由于网购服装缺少导购和试穿的常规操作，导致电商品牌的退货率往往更高，平均退货率在20%～30%之间。为了减少退货，升级商店的顾客体验非常重要，包括提供精准且优化的产品展示、尺寸表，完整地填写这些信息，以便用户筛选的时候看到你的产品。完善商品属性有以下三个作用：

（1）获取精准的搜索客户——这些都是买家搜索量很高的淘宝产品属性，提升成交概率；

（2）提升关键词质量得分——使产品的信息更加完善，有助于提升关键词的质量得分；

（3）获得更多展现机会——类目正确，填全属性的产品，会优先被展示出来。

具体操作步骤如下：

第一步：登录"我的淘宝"—"我是商家"—"出售中的产品"。

第二步：点击页面右侧"编辑"按钮，对"产品属性"进行补充完整或者在淘宝助理里面直接更改产品属性就可以了。

第三步：点击"确认"按钮。

表7-1-3　商品属性信息

	面料	款式	版型	风格	工艺	厚薄	衣（裤）长
羽绒服							
毛呢外套							
毛衣							
裤子							

任务思考

做好品类规划有哪些作用？如何通过品类规划提高店铺展现率？

_____

_____

_____

_____

任务1-2 根据品类调整修改产品及服务品类信息

任务目标

◆ 通过本任务的操作，掌握根据品类调整修改产品及服务品类信息。

任务背景

在电商运营过程中，有一些类目产品属性也会发生增加或者变化，商家要及时跟进平台信息，及时修改产品及服务品类信息。此外，店铺也需要根据销售数据分析单个品类销售占比、同比和环比的销售情况，以及综合市场发展需求等客观因素，将销售排在前端的品类信息优化，根据市场需求和发展趋势开拓新的品类，同时通过销售数据分析做好滞销品的清退工作。

任务操作

步骤1：店铺销售数据分析，确定需要调整品类的商品，做好品类调整决策，考虑商品信息是修改优化，还是保持不变，或者是下架处理。分析之后将结果填入表7-1-4。

表7-1-4 店铺销售数据

	近3个月销售额趋势	品类调整决策
商品1		
商品2		
商品3		
商品4		

步骤2：明确服饰发展趋势，确定需要增加的品类，并将分析结果填入表7-1-5。

表7-1-5 服饰发展趋势

	近3个月发展趋势	品类调整决策
商品1		
商品2		
商品3		
商品4		

步骤3：修改已有商品的品类信息。

（1）进入到淘宝卖家中心，在这里找到出售的商品。

（2）找到要修改类目的商品，然后点击编辑按钮，再切换类目，重新选择正确的商品分类即可，假如商品其他数据设置没有变化，就直接按网页下方的"提交宝贝信息"发布商品，即可完成商品分类的重新修改发布。

步骤4：根据发展趋势分析结果，增加新的品类。

（1）点击"我的淘宝"→"我要卖"。

（2）将一级类目的滚动条拖至最下方，点击"申请更多一级类目发布权限"。

（3）选中需要填写的一级类目，填写好"商标申请号""商标注册号""商品称号"三项信息后，点击"提交申请"。提交申请成功之后，审核工作人员会收到您的申请并在3个工作日内将审核结果邮件通知到店铺的联络邮箱。

任务思考

什么情况下需要调整品类？调整品类的依据是什么？

_____

_____

_____

_____

▲工作任务二 产品及服务组合信息管理

任务2-1 根据组合规划设置产品及服务组合信息

任务目标

◆ 通过本任务的操作，学会根据组合规划设置产品及服务组合信息。

任务背景

在电商平台上，因为产品之间互补性极强，能多个层次满足买家需求，卖家可以通过出售组合套装，在价格方面也比较划算，较之于单品，往往更能吸引买家下单。同时独特的组合包装方式，也有助于卖家与同行的产品区别开来，有助于提高店铺的销售量和客单价。对于女性护肤品，如果只买一件具有祛痘功能的单品，往往需要搭配别的产品一起使用。搭配其他品牌产品的功效可能不如搭配同一品牌功效强。如果卖家搭配好套装，对顾客来说更加省心，且价格更优惠。

任务操作

步骤1：分析每个单品的功效，并将其单价、规格信息填入表7-2-1。

表7-2-1　单品分析

	功效	规格	单价
珍珠臻白焕肤洁面乳			
珍珠臻白焕肤水			
珍珠臻白亮肤精华液			
珍珠臻白亮肤凝露			
珍珠臻白亮肤膏			

步骤2：分析单品之间的关联性，是相关还是互补，或者是同质。并将分析结果填入表7-2-2。

表7-2-2　单品之间关联分析

	珍珠臻白焕肤洁面乳	珍珠臻白焕肤水	珍珠臻白亮肤精华液	珍珠臻白亮肤凝露	珍珠臻白亮肤膏
珍珠臻白焕肤洁面乳					
珍珠臻白焕肤水					
珍珠臻白亮肤精华液					
珍珠臻白亮肤凝露					
珍珠臻白亮肤膏					

步骤3：产品组合策略。

根据步骤2的分析，对于相关的及互补的单品可以组合为套装，对于产品功能接近的单品可以二选一形成两个不同组合，勾选表7-2-3单品组合为套餐。并为套餐定价。

表7-2-3　确定产品组合

	珍珠臻白焕肤洁面乳	珍珠臻白焕肤水	珍珠臻白亮肤精华液	珍珠臻白亮肤凝露	珍珠臻白亮肤膏	组合价格
套餐一						
套餐二						

续表

	珍珠臻白焕肤洁面乳	珍珠臻白焕肤水	珍珠臻白亮肤精华液	珍珠臻白亮肤凝露	珍珠臻白亮肤膏	组合价格
套餐三						
套餐四						

步骤4：平台上设置多个规格，多个价格

（1）打开千牛卖家中心后台，找到"宝贝管理"，然后点击"发布宝贝"。具体操作如图7-2-1。

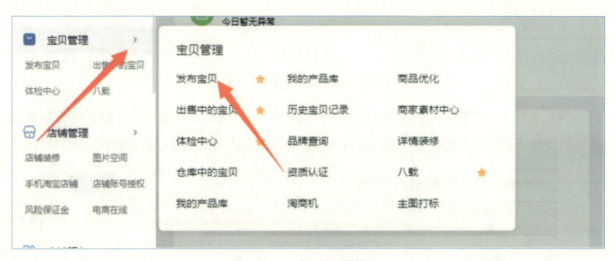

图7-2-1　组合信息设置操作1

（2）上传淘宝的5张主图，然后选择一下宝贝的类目，然后点击下一步。具体操作如图7-2-2。

图7-2-2　组合信息设置操作2

（3）进入了淘宝发布宝贝的页面，找到颜色分类选项，然后在颜色分类的方框里写上不同的规格，或者选不同的套餐填写上名字。具体操作如图7-2-3。

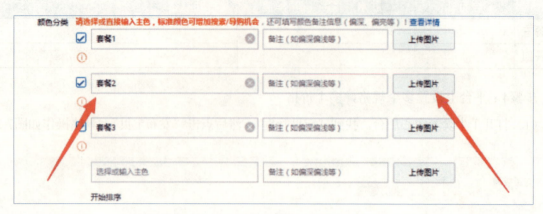

图7-2-3　组合信息设置操作3

（4）填写不同规格宝贝的数量以及相应的价格。一口价默认的是抓取你设置的价格里面最低的价格。总数量不用填写，系统会自动计算这几个款式的总数量。具体操作如图7-2-4。

图7-2-4　组合信息设置操作4

（5）填写完所有的宝贝的信息，直接点击"提交宝贝信息"并发布就可以了。这时候宝贝就有不同的规格以及不同的价格了。具体操作如图7-2-5。

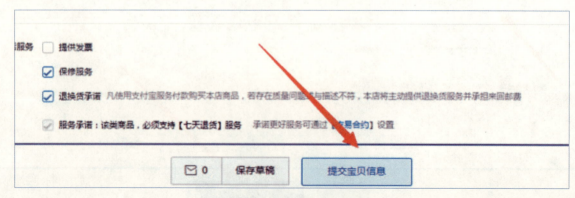

图7-2-5　组合信息设置操作5

有哪些商品组合策略？商品组合文案的重点有哪些？

_____

_____

_____

_____

任务2-2 根据组合优化修改产品及服务组合信息

任务目标

◆ 通过本任务的操作，学会产品组合优化，并根据优化结果修改产品及服务组合信息。

任务背景

优化产品组合，通常是分析、评价和调整现行产品组合的过程。店家经过一段时间的运营可以根据数据分析现有套餐标题点击率，对各组合的销量和利润率做出优化。同时还可以通过爆款带动新款、爆款带动利润款等方式，提高客单价，提升店铺 GMV（商品交易总额）。

任务操作

步骤1：分析套餐订单数据，优化商品组合，并将优化方案填入表7-2-4中。

表7-2-4 根据销售额优化组合

	近3个月销售额	优化方案
套餐一		
套餐二		
套餐三		
套餐四		

步骤2：产品组合优化技巧之套餐标题优化。套餐标题尽量精简，重点突出优惠，写好营销词，如原价和现价对比。最好就是直接表明，写在图片上，直接搭配套餐，最多是5个宝贝，最少是2个。搭配的套餐必须低于总原价，否则设置不能成功。将优化后的标题填入表7-2-5中。

表7-2-5　优化组合标题

	原标题	优化后的标题
套餐一		
套餐二		
套餐三		
套餐四		

步骤3：产品组合优化技巧之爆款带动新款，盘点店铺中的爆款，并将爆款和新款组合搭配填入表7-2-6中。

表7-2-6　爆款搭配新款组合表

	爆款	新款
套餐一		
套餐二		
套餐三		
套餐四		

步骤4：产品组合优化技巧之爆款带动利润款，并将爆款和利润款组合搭配填入表7-2-7中。

表7-2-7　爆款带动利润款组合表

	爆款	利润款
套餐一		
套餐二		
套餐三		
套餐四		

步骤5：确定需要修改的产品组合信息，并将相关内容填入表7-2-8中。

打开千牛卖家版，在工作台中点击"商品"图标，进入商品管理页面，找到目标商品，进入编辑商品信息环节，商品修改完成后，点击提交即可。

表7-2-8　需要修改的产品组合信息

	标题	图片	属性描述	详情页文案
套餐一				
套餐二				
套餐三				
套餐四				

步骤6：设置产品组合信息

任务思考

如何进行商品组合优化？商品组合优化后应如何评估优化效果？

_____

_____

_____

_____

工作任务三 产品及服务价格信息管理

任务3-1 产品及服务的成本计算

任务目标

◆ 学员通过本任务的操作，掌握根据产品及服务成本计算方法。

任务背景

由于网络信息透明，消费者很容易获得同类商品的价格信息，计算产品及服务成本是合理定价的基础。如今人们越来越注重生活品质，对锅具的选择也越来越讲究。陶瓷养生锅以其质地坚硬、耐酸耐碱耐高温、传热均匀、不含重金属、不含致癌物的特点走进大众视野，成为厨房界的新宠儿。某淘宝店铺适时调整品类，上架陶瓷养生锅，请根据相关信息计算该商品成本。

任务操作

步骤1：计算产品及服务本身成本，将成本填入表7-3-1中。

产品及服务本身成本包含了进货成本、人工成本、运输成本和损耗成本。陶瓷养生锅0.7L规格的进货价是100个以下85元／个，100～200个78.4元／个，运输成本平均6元／个，损耗率1%（供应商承担损耗成本），人工成本打包成本为1.35元／件。

表7-3-1　货品本身成本

产品及服务	进货成本（元）	人工成本（元）	运输成本（元）	损耗成本（元）	合计（元）
陶瓷养生锅					

步骤2：计算推广成本，并将成本填入表7-3-2中。

推广成本是可变成本，根据网店的发展阶段和定位可选择不同的付费推广方式。例如淘宝站内主要推广方式有直通车、淘宝客和钻展。

注：

a.直通车收费：单次点击扣费＝（下一名出价 × 下一名质量分）／本人质量分＋0.01元

b. 钻展：按展现收费（CPM）：即按照每千次展现收费，点击不收费。实际扣费＝按照下一名CPM结算价格＋0.1元。

表7-3-2　推广成本计算

产品及服务	直通车（元）	淘宝客（元）	钻石展位（元）	合计（元）
陶瓷养生锅				

步骤3：计算固定成本。固定成本包含经营平台固定成本、场地租金、人员工资、网络信息费、设备折旧。将计算结果填入表7-3-3中。

表7-3-3　固定成本小计

月份	平台固定成本（元）	场地租金（元）	员工工资（元）	网络信息费(元)	设备折旧（元）	合计（元）
4月	6000	4000	22000	100	756.38	
5月	6000	4000	21600	100	270.42	

计算单品固定成本，并将结果填入表7-3-4。

单品固定成本＝月平均成本／单品数量

表7-3-4　单品固定成本计算

产品及服务	平台固定成本（元）	场地租金（元）	员工工资（元）	网络信息费(元)	设备折旧（元）
陶瓷养生锅					

步骤4：计算总成本，并填入表7-3-5中。

总成本＝产品及服务本身成本＋推广成本＋固定成本

表7-3-5　总成本计算

产品及服务	货品成本（元）	推广成本（元）	固定成本（元）	合计（元）
陶瓷养生锅				

任务思考

网店运营中，如何精细化控制成本？

_____

_____

_____

_____

任务3-2　产品及服务的价格调整

任务目标

◆ 学员通过本任务的操作，掌握产品及服务随营销活动做价格调整的方法。

任务背景

在电商运营过程中，店铺常常需要通过一些营销活动激发买家的购买欲望，让买家产生冲动消费，并提高店铺的展现量，实现引流。元旦来临之际，小李的箱包店铺准备根据近3个月的销售情况报名参加淘宝聚划算活动。

任务操作

步骤1：分析活动报名规则，并将关键信息填入表7-3-6中。

淘宝店铺须提供自有品牌证明，同时须保证文件的完整和有效。店铺近30天的退款率须小于50%。此外还需关注商品条件、审核时间及标准等规则。

表7-3-6　活动报名规划信息

项目	品牌团招商标准	单品团招商标准	主题团招商标准
商家资质			
商品条件			
审核时间及标准			

续表

项目	品牌团招商标准	单品团招商标准	主题团招商标准
排期			
保证金			
商品发布规范			
收费标准			
违规处理			

步骤2：选择报名商品，并将关键信息填入表7-3-7中。

针对报名商品，聚划算根据店铺和商品的经营和整体指标，择优选取商品参团，为了参团成功，在报名前需要对商品进行分析。

表7-3-7　报名商品信息

商品名称	价格	销售量	销售额	转化率	评价
气质手提包					
通勤单肩包					
大容量双肩包					

步骤3：确定促销方案，并将关键信息填入表7-3-8中。

根据活动类型的不同及利润设定来确定最终的促销方案。正常在活动正式预热前五天确定活动细则，包含优惠力度、价格调整方案等。

表7-3-8　促销方案

促销方式	具体内容
前 × 名免单	
前 ×× 名满减	
前 ×× 名返现	
前 ×× 名送赠品	

步骤4：成本预算，并将相关数据填入表7-3-9和表7-3-10中。

表7-3-9　流量成本预算表

流量需求			推广计划		
流量细项		预计费用		直通车	钻展
预计销量			活动前		
预计转化率			活动中		

续表

流量需求				推广计划	
流量细项		预计费用		直通车	钻展
需求流量			合计		
预估活动流量					
店铺自然流量					
直通车（PPC2元）					
钻展（PPC1元）					
合计					

PPC（平均点击单价）= 花费 / 点击量

表7-3-10　总成本预算表

	气质手提包	通勤单肩包	大容量双肩包
进价			
平台扣点（5%）			
快递费用			
好评返现			
促销成本			
流量成本			
固定成本			
成本小计			
预计销售额			
预计毛利率			
售价			

售价 = 成本 /（1- 毛利率）

任务思考

促销活动结束后，要及时检查店铺中的各项信息，做好售后工作，以保证大促期间用户体验，在活动结束之后，将价格做相应调整。并衡量活动的短期、中期和长期效果，以便为下一次活动决策提供依据。

_____

_____

_____

工作领域八 线上店铺设计与装修

工作任务一 网店首页制作

任务1-1 店招设计与制作

店招就是店铺的招牌，也是网店品牌定位最直观的体现，是店铺给人的第一印象，鲜明而有特色的店招不仅能吸引用户的眼球，带来订单，同时起到品牌宣传的作用。

网店店招在内容上可包含：店铺名、店铺 logo、收藏按钮、关注按钮、促销产品、优惠券、活动信息/时间/倒计时、搜索框、店铺公告、店铺导航条、旺旺、电话热线、店铺资质、店铺荣誉等等一系列信息。可根据网店的具体情况进行内容设计安排，做到核心信息告知，引起并放大买家的购物欲望。

任务目标

- ◆ 能读懂客户反馈信息
- ◆ 学会常见网店店招模板设计
- ◆ 能根据客户反馈信息进行店招及导航栏设计
- ◆ 能使用文字工具、形状工具、通道和蒙版等工具制作店招及导航栏

任务背景

"俪人装"服装网店即将迎来夏季促销活动，现要求为其网店设计符合活动主题的店招。要求：1.突出店铺品牌特色及活动信息；2.配色符合优雅、浪漫的女装特点；3.布局简洁大方，要与整个页面风格、色彩统一。同时，设计师与客户沟通后得到具体需求信息如下：

1.网店店招以网店品牌为主，结合店铺的经营类目、店铺活动信息、总体特色等几个方面进行设计。

2.整体构图以文字搭配图像，背景选取柔和优雅的鲜花图案为装饰，并根据配色要符合优雅、浪漫的女装特点的要求，字体选择白色、紫色为主色，体现知性的稳重感，同时用红色突出活动信息放大买家购买欲望。

3.清晰明了的导航栏，把流量合理地分配给主推的页面或商品页面，引导用户找到合适的产品。

4.新品、特价力度是消费的关注点，因此在店招中加入这些文案。

任务操作

网店店招的设计

步骤1：在PS里新建一个950px×120px的画布。然后就是组织设计，你的店名、logo、广告语、视觉点、店铺关注或收藏等等，都可以体现在店招里。如图8-1-1所示。

图8-1-1　店招效果图

步骤2：店招设计网上也有很多素材可以下载，也可以在线设计，找到自己喜欢的图片，然后根据要求添加文字就可以了。这里我们要自己设计适合自己店铺的店招，添加一个背景。

步骤3：将我们的店铺名称、logo放到里面设计效果图。另外收藏店铺、设为主页、联系方式等加在右边。效果图如图8-1-2所示。

图8-1-2　店招及导航区效果图

任务1-2 Banner 广告及侧栏广告设计

本任务重点围绕网店的 Banner 和侧栏广告设计制作展开学习。Banner 和侧栏广告是网店最为突出的宣传和展示载体，是吸引消费者眼球和传达网店产品信息的重要视觉传播途径。Banner 广告一般是指横向的横幅广告，侧栏广告一般指网页侧边纵向的纵幅广告，两者有时结合使用，有时只出现 Banner 广告。本项目将为服装和食品种类网店制作 Banner 广告和侧栏广告，这两种产品类型在网店中具有一定的普遍性和代表性。

任务目标

◆ 能读懂客户反馈信息；

◆ 能根据客户反馈信息进行广告版面设计；

◆ 能结合广告内容和客户反馈信息提炼出广告语；

◆ 能使用形状工具绘制辅助图形。

任务背景

本任务是为新款服装制作 Banner 广告以及侧栏广告，两者内容基本相同，只是尺寸和版式不一，在本任务中将学习 Banner 广告和侧栏广告相类似的素材互相转换的技巧。在制作过程中主要用到大量的形状绘制工具和颜色填充的方法，使用图层样式丰富画面、增添细节。

某服装网店在换季阶段将发售新款连衣裙，为了配合新品的上市，现需制作网店 Banner 广告和侧栏广告以期扩大宣传和推广。

任务操作

广告是一种很古老的宣传和推广手段。网页媒体上的产品广告，从表现形式上主要分为静态广告和动态广告。静态广告即画面没有动画效果的广告，动态广告即有动画效果的广告。无论是哪种形式，它的目的只有一个，就是宣传和推销产品，将产品广而告之。

步骤1：设计思路。

（1）认识首焦轮播区。

网店的首焦轮播区主要用于告知买家店铺某个时间段的广告商品或者促销活动，位于网店导航条的下方位置。它的主要作用就是告知买家店铺在某个特定时间段的一些动态信息，帮助买家快速了解店铺的活动或者商品信息。

（2）首焦轮播区的设计思路．

首焦轮播区犹如卖家的外在形象一样，在设计时用于搭配的图片不能太复杂，这样才能突出主题。同时，要采用符合店铺商品形象的文字，以避免产生凌乱的感觉。

步骤2：Banner广告操作实施。

在色彩搭配上，颜色比较相近，以达到协调一致的效果。画面主色调采用粉色到白色的径向渐变，营造出优雅、舒适的视觉效果，这样的颜色设计很符合女性的特点。

使用三角形形状进行修饰，填充鲜艳色彩，使画面看起来更加突出全网首发。

使用多种不同级别的文案进行组合，提高画面主次设计感。效果如图8-1-3所示。

图8-1-3　Banner广告

任务1-3　产品主辅图设计

本任务重点围绕产品主辅图的设计制作展开学习。在淘宝宝贝详情页中，最重要且最先吸引买家的就是产品的主辅图。主图展示的是产品的主要信息，辅图是对主图的补充，可以从不同的角度进一步展示产品的更多信息。不同类目的产品展示的内容也各不相同，好的宝贝主图除了要展示产品的相关信息之外，更重要的是要能够吸引顾客，让顾客产生购买行为，并能够提高买家的回头率。所以说主图是影响流量的最大因素，同时也是除价格之外影响点击率的重要因素之一。

任务目标

◆ 明确主辅图的作用，掌握主辅图的设计原则。

◆ 能够根据产品特点，兼顾客户的意愿，灵活地选片，并使用文字工具辅助完成主辅图的制作。

◆ 培养学生独立思考、大胆创新、认真操作的学习习惯。

◆ 锻炼学生与客户的沟通能力，使学生学会聆听，在交流过程中既能保证遵守行业标准，又能达到客户满意的效果。

任务背景

在本任务中我们将为食品类网店设计制作主辅图。了解食品类主辅图主要从原材料、做工、外观、包装等方面展示产品的相关信息。清楚主图制作特点是以图为主，配以文字，既能通过图片展现产品的相关信息，又可通过文字，对产品有一个概括介绍。能在制作过程中通过对文字的字体、大小以及图层样式的灵活运用，及路径的绘制与编辑，来完善整个主图的设计。同时通过辅图对食品的外观、种类及原材料等方面做更清晰的展示。

中秋将至，某食品类网店打出了"绿色"月饼的推销活动。设计师通过与客户沟通得知，该网店需要制作月饼的主辅图，本着既能继续保持品牌形象，同时还要抓住时机提高经济效益的原则，现对美工提出如下设计要求：1.主图简洁大方有品味，能够清晰地展现产品；2.要突出产品的特点与卖点"手工制作、绿色无添加"；3.辅图要从多角度展示产品的种类与外观。

任务操作

步骤1：食品主图设计思路分析。

设计师在明确了客户的要求后，根据客户提供的产品素材及产品特点，依据主图的制作原则，给出以下主图设计思路：

（1）图片居中，体现了其主体地位；为了清晰地展示了产品所使用的食材，最好使用掰开的月饼。

（2）为了传递了"新鲜、绿色"的意境，可放置绿叶作为衬托。

（3）根据产品的品质和特点，可采用深色背景，既与月饼属于同一色调，又体现出一种高端的品质，达到了品牌的效果。

（4）根据应节的要求，使用"浓情中秋"四个白色字，大小不同，再配以"月亮"形状等曲线，既突出了作品的主题，又形成了鲜明的对比，更显灵动。

（5）"美味挡不住"使用了活泼的小字体，以红色圆做背景，既给人以喜庆的感觉，又使整体布局错落有致，主次分明。

（6）"无添加无防腐，纯手工制作"，既体现了产品的卖点，又使整个画面更加丰满，不张扬的虚线框更能凸显出文字本身的内容，让人不能忽略。

步骤2：主图操作实施。

设计师在与客户沟通设计思路后形成主图，征得客户满意后，着手主图的制作，具体制作过程如下：

（1）安装字体"华康字体包"。

将下载的"华康字体包"中的文件复制并粘贴到"C：\Windows\Fonts"目录下。

（2）新建文档。

启动 Photoshop 软件，选择菜单"文件"→"新建"命令，创建一个空白文档，在弹出的"新建"对话框中，输入文件名称：主图，将文件的宽度、高度分别设置为800像素，其他取默认值。

（3）制作背景。

①新建图层，填充径向渐变，左右滑块颜色分别设为：#a05a1e，#060201；填充效果如图8-1-4所示。

图8-1-4　背景填充效果

②为当前图层设置"添加杂色"滤镜效果，数量14、平均分布、单色，效果如图8-1-5所示。

③将当前图层上移约100像素处，再通过加深、减淡工具对明暗处分别加以调整，效果如图8-1-6所示。

图8-1-5　滤镜效果

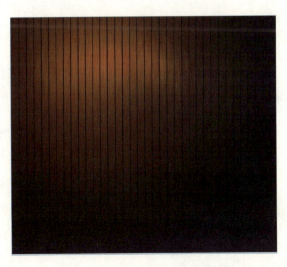

图8-1-6　加深、减淡工具调整效果

④选择"直线"工具绘制直线，黑色填充，无描边，宽度为1，并进行复制、排列与对齐等操作。

⑤设置线条所在图层的混合模式为柔光，不透明度为30%，完成线条与背景的混合。

（4）添加图片。

打开素材文件，并调整至合适的大小，通过抠图，完成效果如图8-1-7所示。

图8-1-7　抠图合成效果

（5）"浓情中秋"制作。

①依次输入文字"浓情中秋"，设为华康宋体，倾斜，白色：#ffffff，浑厚，四个字的大小分别设为90点、73点、98点、90点。

②分别为文字添加相同的投影效果，设置混合模式为"正片叠底"，不透明度75%，角度90，使用全局光，距离和大小为5像素，其他取默认值。

（6）修饰曲线的绘制。

①利用钢笔工具绘制月亮形状的路径后，转换为选区，新建图层，填充黄色：#fff67f。

②同理，用钢笔工具绘制其他路径，转换为选区，新建图层，填充白色，效果如图8-1-8所示。

图8-1-8 钢笔绘制路径

步骤2：辅图设计思路分析。

（1）制作辅图1。

①辅图是对产品的相关信息做更详尽的展示，主要是对月饼的外观、种类及原材料等方面做了更清晰的展示。

②所提供的四幅辅图，仍然采用800像素×800像素大小。

③为了和主图相呼应，辅图的背景色也采用偏暗的色调。

④使用快捷键"Ctrl"＋"S"保存文件，并使用快捷键"Ctrl"＋"Shift"＋"S"将文件保存为jpg格式。效果如图8-1-9所示。

图8-1-9 辅图1

（2）制作辅图2。

①新建文件辅图2，设置大小为800像素×800像素，其他取默认值。

175

②置入素材文件003，并调整至合适大小及位置。

③在当前图层下新建图层，填充线性渐变，滑块颜色分别选取所置入图形的上、下边缘的颜色：#161614、#48494d。

④为渐变填充图层设置"添加杂色"滤镜，数量2.45、平均分布、单色。如图8-1-10所示。

⑤调整置入对象的大小至合适位置，通过图层蒙版处理图片边缘。

⑥使用快捷键"Ctrl"＋"S"保存文件，并使用快捷键"Ctrl"＋"Shift"＋"S"将文件保存为jpg格式。

图8-1-10　辅图2

（3）制作辅图3

①新建文件辅图3，设置大小为800像素×800像素，其他取默认值。

②置入素材文件004，并调整至合适大小及位置。

③在当前图层下新建图层，填充线性渐变，滑块颜色分别选取所置入图形的上、下边缘的颜色：#161614、#48494d。

④为渐变填充图层设置"添加杂色"滤镜，数量2.45、平均分布、单色。

⑤调整置入对象的大小至合适位置，通过图层蒙版处理图片边缘。

⑥使用快捷键"Ctrl"＋"S"保存文件，并使用快捷键"Ctrl"＋"Shift"＋"S"将文件保存为jpg格式。效果如图8-1-11所示。

图8-1-11　辅图3

任务思考

某食品网店推出新款瓜子，为了配合新品的上市，现需制作产品主辅图。设计师与客户沟通后得到需求信息如表8-1-1所示。

表8-1-1　客户反馈信息表

信息	客户反馈
主图内容	展示瓜子包装及瓜子颗粒
营造气氛	休闲小食，送礼佳品
产品卖点	颗颗饱满，粒粒醇香
主图尺寸	800像素×800像素
辅图尺寸	800像素×800像素
是否需要白底图	否

请根据以上客户反馈信息，为该瓜子制作主辅图。

▲工作任务二　食品类网店详情页设计

任务目标

◆ 本任务是制作食品类网店中的牛奶宝贝详情页。在任务中使用钢笔工具、魔棒工具、图层样式、选框工具、橡皮工具、文字工具等对图片排版编辑，设计制作详情页模板、创意海报情景大图，利用文案和配上相应图片展示牛奶的功效和卖点等。在制作过程中应用文字工具、画笔工具、钢笔工具、描边命令、图层对齐、通道等工具，优化宝贝详情页。

任务背景

"牛气十足"食品网店销售光明牛奶，由于牛奶属于快速消费品，用户对产品的认可在瞬间完成，而起决定作用的是品牌的形象。宝贝详情页可以通过不断地强化产品的安全、卫生、营养、绿色等，提升牛奶产品的品牌形象。现征集一款光明牛奶的宝贝详情页（效果如图8-2-1所示）。设计师与客户沟通后得到需求信息，见表8-2-1。

表8-2-1　客户反馈信息表

信息	客户反馈
消费人群	各类人群
风格	天然、清爽
关键信息	牛奶、新鲜

续表

信息	客户反馈
详情页版面	海报情景图、宝贝信息、产品展示、品牌售后等
详情页尺寸	宽800像素 × 高度不限（根据实际情况）
宝贝文案	简短、真实

图8-2-1　详情页

任务操作

步骤1：设计思路分析。

（1）详情页版面要全面详细地展示产品，应包含海报情景图、宝贝信息、产品展示、品牌售后等。

（2）详情页选择蓝色和白色为背景主色，体现天然、清爽的风格，再配些与牛奶相关插图，让详情页的整体既统一又有些变化。

（3）海报情景图以蓝天白云、草原、奶牛为背景，中央摆放产品的主图和用透明容量呈现牛奶的实物图，勾勒奶牛生长在无污染的环境中，保证牛奶的高品质。

（4）在宝贝详情页中设计产品的规格、营养成分、适合的人群，再附有检验报告和企业的实况图片，更能证明产品的安全性和真实性，提升品牌形象。

（5）产品展示要配上文案描述，通过文案强调产品的功效，能让顾客细细品味，让买家明确产品是不是自己需要的商品。

（6）制作细致贴心的售后服务。

步骤2：设计详情页模板操作实施。

（1）启动 Photoshop CS6，新建一个800像素 ×1100像素的空白文档，背景填充浅蓝色，选择"矩形选框工具"，绘制一个矩形选区，并填充蓝色，如图8-2-2。

图8-2-2 新建详情页文档

（2）打开素材"牛标志 .jpg"图像文件。选择"钢笔工具"沿图像边缘绘制闭合路径，按"Ctrl"＋"回车键"组合键，变成选区，选择"移动工具"，将其移动到图像上，对图像进行调整。

（3）选择"文本工具"，在图像上输入文字"牛气十足"，字体为幼圆，选择"图层"→"栅格化"→"文字"，按"Ctrl"＋"缩略图"，将栅格化文字载入选区，填充渐变色（白色→浅蓝色），选择"图层"→"图层样式"→"投影"命令，弹出"图层样式"对话框，设置投影的样式为默认值，单击"确定"按钮，如图8-2-3所示。

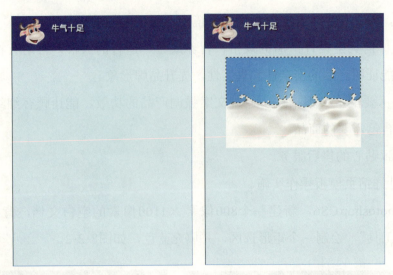

图8-2-3　文本

（4）打开素材"牛奶图.jpg"文件，选择"魔棒工具"，设置容差为40，选择蓝色部分。

（5）删除蓝色选区，调整牛奶图像的大小和位置，使用"橡皮工具"擦除。

（6）制作店铺公告。新建图层，选择"矩形选框工具"，绘制一个矩形选框，填充灰色，选择"图层"→"图层样式"→"混合选项"，弹出"图层样式"对话框，设置"混合选项：自定"中的"填充不透明度"为30%；"投影"中的"混合模式"为正片叠底、黑色，"不透明度"为36%，"角度"为135度，"距离"为3像素，"扩展"为0%，"大小"为3像素；"外发光"中的"混合模式"为叠加，"不透明度"为50%，"设置发光颜色"为白色；"斜面和浮雕"中的"大小"为4像素，"光泽等高线"为环形，"高光模式"为正常，"不透明"度为100%，"阴影模式"为颜色加深，不透明度为19%；"等高线"中的"范围"为33%。选择"文字工具"，输入文字，字体为幼圆，如图8-2-4所示。

图8-2-4　店铺公告

（7）新建图层，选择"椭圆选框工具"，按"Shift"键，绘制一个圆，填充颜色（R：1，G：189，B：201），同样方法绘制另外两个圆（R：227，G：145，B：1；R：219，G：236，B：246），调整位置，选择"文本工具"，输入文字"首页"，字体为幼圆。

（8）按照上述操作步骤，绘制其他按钮，并输入文字"评价""收藏""逛逛"，字体为幼圆，如图8-2-5所示。

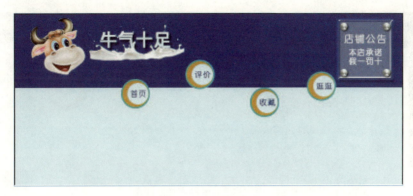

图8-2-5　绘制按钮

（9）选择"钢笔工具"，绘制一条路径，选择"路径选择工具"，按 Alt 键，同时按下鼠标左键移动鼠标复制一条路径。

（10）新建图层，选择"铅笔工具"，打开"画笔"面板，设置铅笔属性，大小：3像素，间距：300%。

（11）设置前景色为灰色（R：150，G：150，B：150），选择"路径选择工具"，选中两条路径，单击鼠标右键，弹出快捷菜单，选择"描边路径"命令，如图8-2-6所示。

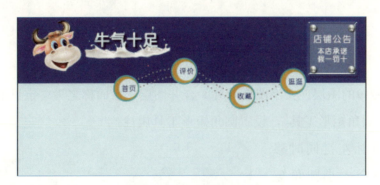

图8-2-6　前景色

（12）新建图层，选择"铅笔工具"，笔尖大小为1像素，打开"画笔"面板，设置间距：1%，绘制一条直线，选择"编辑"→"自由变换"（或按"Ctrl"＋"T"组合键），设置角度为45度，如图8-2-7所示。

图8-2-7　铅笔工具

（13）复制图层（根据斜线的密度，复制多个图层），选中所有斜线图层，选择"移动工具"，单击"顶端对齐"和"水平居中分布"，选择"图层"→"合并图层"，如图8-2-8所示。

图8-2-8　复制图层

（14）新建图层，选择"矩形选框工具"，绘制矩形选框，选择"编辑"→"描边"命令，弹出对话框，设置"宽度"为2像素，颜色为灰色（R：150，G：150，B：150），居中。选择"矩形选框工具"，绘制矩形选框，填充灰色，选择"文字工具"，输入文字，字体为宋体，如图8-2-9所示。

图8-2-9　文字工具

（15）将图8-2-9的图层（文字图层除外）合并图层，后面称之为"宝贝描述分隔线"。

（16）选择"圆角矩形工具"，设置圆角矩形工具属性。

（17）按下鼠标左键同时移动鼠标，绘制适合大小圆角矩形，选择"图层"→"图层样式"→"投影"，弹出"图层样式"对话框，"投影"参数为默认值。选择"铅笔工具"，大小为1像素，绘制一条直线。选择"橡皮工具"，大小为100像素，硬度为0%，在直线的两端擦一下。如图8-2-10所示。

图8-2-10　绘制矩形

（18）打开素材"修饰配图1.jpg"文件，使用"橡皮工具"将白色背景擦除。

（19）按照上述操作步骤，制作另一个展示框，保存文件为"牛奶宝贝详情模板 .psd"，如图8-2-11所示。

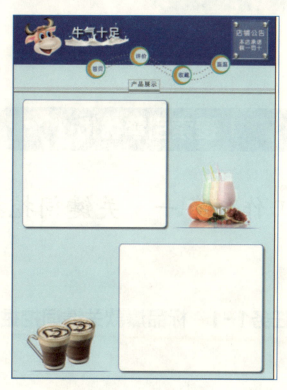

图8-2-11　详情页模板

工作领域九　营销推广

丨搜索引擎优化丨

工作任务一　关键词挖掘

任务1-1　标品爆款关键词挖掘

任务目标

◆ 能够掌握标品爆款商品关键词挖掘的方法。

◆ 能够通过数据分析，对挖掘的关键词进行分类和整理。

◆ 能够建立完整的标品爆款商品关键词词库。

任务背景

小雅是一家3C数码配件网店的淘宝推广负责人，"6·18"大促活动之后，店内爆款商品的免费流量占比逐渐降低，通过自然搜索进店的访客数也比往日减少。

为了能够使店内的爆款商品获得更多免费的自然流量，小雅决定对店铺内"ROMOSS/罗马仕20000毫安大容量充电宝便携正品移动电源"进行关键词挖掘，为后面的SEO标题优化提供一个完整的关键词词库。

任务分析

该任务背景介绍的商品为标品爆款商品，对标品爆款商品进行关键词挖掘，需要对商品的标题、属性和商品描述进行分析，通过拆分关键词等手段找出商品的核心词、属性词、品牌词、营销词、长尾词等商品相关词，并借助实训系统数据分析中的关键词分析工具对该商品的核心词、属性词进行拓展，完成关键词的挖掘与收集。

标品爆款的关键词挖掘应该侧重行业热词、品牌词、类目词、核心词。关键词挖掘完毕后，对关键词进行分类和整理，形成最终的关键词词库。

任务操作

1. 根据拆分词原则对标题进行关键词拆分，并把拆分的关键词按类别填写到表9-1-1中。

表9-1-1　标题分词表

关键词类别	ROMOSS/ 罗马仕20000毫安大容量充电宝便携正品移动电源
核心词	
属性词	
品牌词	
营销词	
长尾词	
其他词	

2. 根据实训系统中的商品属性拓展关键词，并把相关关键词填写到表9-1-2中。

表9-1-2　商品属性关键词拓展表

关键词类别	ROMOSS/ 罗马仕20000毫安大容量充电宝便携正品移动电源
核心词	
属性词	
品牌词	
营销词	
长尾词	
其他词	

3. 根据商品描述拓展关键词。对实训系统中的商品描述信息进行关键词的拆分，并挑选出与商品相关、符合买家搜索习惯且具有推广的意义的关键词。借助行业热搜词、Top20 W词库等工具，删掉没有搜索人气的关键词，并把相关关键词填写到表9-1-3中。

表9-1-3　商品描述关键词拓展表

关键词类别	ROMOSS/ 罗马仕20000毫安大容量充电宝便携正品移动电源
核心词	
属性词	

续表

关键词类别	ROMOSS/ 罗马仕20000毫安大容量充电宝便携正品移动电源
品牌词	
营销词	
长尾词	
其他词	

4.关键词挖掘与分析整理。在任务操作1、2、3获取的关键词基础上，借助实训系统数据分析中的关键词分析工具、直通车中的关键词分析工具对关键词进行进一步挖掘与拓展，并把关键词进行分析整理，具体任务操作如下：

（1）新建一个 Excel 表格，并把所有的关键词放在 Excel 表格中，以便对关键词进行分析和处理。

（2）删除重复的关键词。利用 Excel "删除重复项"功能，删除重复关键词。

（3）删除不相关的关键词。在挖掘关键词的过程中，往往会出现一些与我们的行业或产品不相关的关键词，例如，任务中的"罗马仕20 000毫安移动电源"，在进行拆分与挖掘关键词时会出现诸如"小米手机""手机壳""5000毫安"等不相关的关键词，需要把这部分关键词删除。

（4）关键词分类整理。把挖掘到的关键词按核心词、属性词、品牌词、营销词、长尾词、其他词进行分类整理，以便在后面的实训任务中使用。

（5）带数据的关键词的整理。在一定时间范围内，关键词的搜索人气、点击率、点击量、成交量、转化率在一定程度上反映了买家的搜索与购买习惯，可以起到目标市场参考衡量的作用。因此，可以对挖掘到的关键词进行进一步的整理，按照展现量进行排序筛选并删除搜索人气较低的关键词。用相同的方法，可以筛选并删除点击率较低、转化率较低、市场平均价较高的关键词。

请根据以上任务操作，把挖掘、分析、整理后的关键词填写到表9-1-4中，关键词数量不少于500个。

表9-1-4　带有数据的关键词

序号	类别	关键词	展现量	点击率	转化率	竞争指数
1						
2						
3						
4						

续表

序号	类别	关键词	展现量	点击率	转化率	竞争指数
5						
6						
7						
8						
9						
10						

任务思考

1. 标品爆款商品关键词挖掘中，你觉得哪个环节是最关键的？

2. 你还有哪些挖掘标品爆款商品关键词的方法？

任务1-2　标品新品／滞销品关键词挖掘

任务目标

◆ 能够掌握标品新品／滞销品关键词挖掘的方法。

◆ 能够根据标品新品／滞销品特性进行关键词挖掘。

◆ 能够通过数据分析，对挖掘的关键词进行分类和整理。

◆ 能够建立完整的标品新品／滞销品关键词词库。

任务背景

　　小雅是一家3C数码配件网店的淘宝推广负责人，最近店铺内新上了几款新品，因为有店内爆款商品的引流，这些商品上架不久便销量破零，但是直接通过自然搜索购买的用户却非常少。

　　为了能够让店铺内的新品"超薄小巧便携苹果专用移动电源无线迷10000毫安大容量"尽快获得自然搜索流量，小雅需要为该商品挖掘精准的关键词并建立一个完整的关键词词库。

任务分析

　　该任务背景介绍的商品为标品新品，对标品新品进行关键词挖掘，需要对商品的标题、属性和商品描述进行分析，通过拆分关键词等手段找出商品的核心词、属性词、品牌词、营销词、长尾词、其他词等商品相关词，并借助实训系统数据分析中的关键词分析工具对该商品的核心词、属性词进行拓展，完成关键词的挖掘与收集。

标品新品的关键词挖掘应该侧重营销词与长尾词等竞争力相对较小的词。关键词挖据完毕后，对关键词进行整理分类，形成最终的关键词词库。

任务操作

1. 根据拆分词原则对标题进行关键词拆分，并把拆分的关键词按类别填写到表9-1-5中。

表9-1-5　标题分词表

关键词类别	超薄小巧便携苹果专用移动电源无线迷10000毫安大容量
核心词	
属性词	
品牌词	
营销词	
长尾词	
其他词	

2. 根据实训系统中的商品属性拓展关键词，并把关键词填写到表9-1-6中。

表9-1-6　商品属性关键词拓展表

关键词类别	超薄小巧便携苹果专用移动电源无线迷10000毫安大容量
核心词	
属性词	
品牌词	
营销词	
长尾词	
其他词	

3. 根据商品描述拓展关键词。对实训系统中的商品描述信息进行关键词的拆分，并挑选出与商品相关、符合买家搜索习惯且具有推广的意义的关键词。借助行业热搜词Top20W词库等工具，删掉没有搜索人气的关键词，并把关键词填写到表9-1-7中。

表9-1-7　商品描述关键词拓展表

关键词类别	超薄小巧便携苹果专用移动电源无线迷10000毫安大容量
核心词	
属性词	

续表

关键词类别	超薄小巧便携苹果专用移动电源无线迷10000毫安大容量
品牌词	
营销词	
长尾词	
其他词	

4.关键词挖掘与分析整理。在任务操作1、2、3获取的关键词基础上，借助实训系统数据分析中的关键词分析工具、直通车中的关键词分析工具对关键词进行进一步挖掘与拓展，并把关键词进行分析整理，具体任务操作如下：

（1）新建一个Excel表格，并把所有的关键词放在Excel表格中，以便对关键词进行分析和处理。

（2）删除重复的关键词。利用Excel"删除重复项"功能，删除重复关键词。

（3）删除不相关的关键词。在挖掘关键词的过程中，往往会找到一些与网店的行业或产品不相关的关键词，例如：任务中的"超薄小巧便携苹果专用移动电源"，拆分与挖掘关键词时会出现一些"华为手机""手机壳""小米专用"等不相关的关键词，需要把这部分关键词删除。

（4）关键词分类整理。把挖掘到的关键词按核心词、属性词、品牌词、营销词、长尾词、其他词进行分类整理，以便在后面的实训任务中使用。

（5）带数据的关键词的整理，在一定时间范围内，关键词的搜索人气、点击率、点击量、成交量、转化率在一定程度上反映了买家的搜索与购买习惯，可以起到市场参考衡量的作用。因此，可以对挖掘到的关键词进行进一步的整理，按照展现量进行排序，筛选并删除搜索人气较低的关键词。用相同的方法，可以筛选出并删除点击率较低、转化率较低、市场平均价较高的关键词。

请根据以上任务操作，把挖掘、分析、整理后的关键词填写到表9-1-8中，关键词数量不少于500个。

表9-1-8　带有数据的关键词

序号	类别	关键词	展现量	点击率	转化率	竞争指数
1						
2						
3						
4						

续表

序号	类别	关键词	展现量	点击率	转化率	竞争指数
5						
6						
7						
8						
9						
10						

任务思考

1. 标品新品／滞销品关键词挖掘中，你觉得哪个环节是最关键的？

2. 非标品新品／滞销品关键词挖掘与标品新品／滞销品、标品爆款、非标品爆款商品关键词挖掘有什么区别？

3. 你还有哪些挖掘标品新品／滞销品关键词的方法？

任务1-3　非标品爆款关键词挖掘

任务目标

◆ 能够掌握非标品爆款关键词挖掘的方法。

◆ 能够根据商品特性进行关键词挖掘。

◆ 能够通过数据分析，对挖掘的关键词进行分类和整理。

◆ 能够建立完整的关键词词库。

任务背景

小雅是一家皇冠女装的淘宝推广负责人，店铺内主打的爆款商品为一款连衣裙，商品的名称为"海边度假雪纺连衣裙女装新款潮流裙子夏季高腰法式淑女裙子"。商品的详细属性和描述，可以在实训系统数据分析模块中查看。

为了能够顺利开展后期该爆款商品的直通车推广与标题SEO优化，小雅需要为该商品挖掘精准的关键词并建立一个完整的关键词词库。

任务分析

　　该任务背景介绍的商品为非标品爆款商品，对非标品爆款商品进行关键词挖掘，需要对商品的标题、属性和商品描述进行分析，通过拆分关键词等手段找出商品的核心词、属性词、品牌词、营销词、长尾词等商品相关词，借助实训系统数据分析中的关键词分析工具对该商品的核心词、属性词进行拓展，完成关键词的挖掘与收集。

　　非标品爆款的关键词挖掘应该侧重行业热词、类目词、属性词、核心词、营销词。关键词挖掘完毕后，对关键词进行分类和整理，形成最终的关键词词库。

任务操作

　　1. 根据拆分词原则对标题进行关键词拆分，并把拆分的关键词按类别填写到表9-1-9中。

表9-1-9　标题分词表

关键词类别	海边度假雪纺连衣裙女装新款潮流裙子夏季高腰法式淑女裙子
核心词	
属性词	
品牌词	
营销词	
长尾词	
其他词	

　　2. 根据实训系统中的商品属性拓展关键词，并把关键词填写到表9-1-10中。

表9-1-10　商品属性关键词拓展表

关键词类别	海边度假雪纺连衣裙女装新款潮流裙子夏季高腰法式淑女裙子
核心词	
属性词	
品牌词	
营销词	
长尾词	
其他词	

　　3. 根据商品描述拓展关键词。对实训系统中的商品描述信息进行关键词的拆分，并挑选出与商品相关、符合买家搜索习惯且具有推广的意义的关键词。借助行业热搜词，Top20W词库等工具，删掉没有搜索人气的关键词，并把关键词填写到表9-1-11中。

表9-1-11　商品描述关键词拓展表

关键词类别	海边度假雪纺连衣裙女装新款潮流裙子夏季高腰法式淑女裙子
核心词	
属性词	
品牌词	
营销词	
长尾词	
其他词	

4. 关键词挖掘与分析整理。在任务操作1、2、3获取的关键词基础上，借助实训系统数据分析中的关键词分析工具、直通车中的关键词分析工具对关键词进行进一步挖掘与拓展，并把关键词进行分析整理，具体任务操作如下：

（1）新建一个Excel表格，并把所有的关键词放在Excel表格中，以便对关键词进行分析和处理。

（2）删除重复的关键词。利用Excel"删除重复项"功能，删除重复关键词。

（3）删除不相关的关键词。在挖掘关键词的过程中，往往会找到一些与我们的行业或产品不相关的关键词，例如：任务中的"女装雪纺连衣裙"，拆分与挖掘关键词时会出现一些"夏季鞋子""套装""工作服"等不相关的关键词，需要把这部分关键词删除。

（4）关键词分类整理。把挖掘到的关键词按核心词、属性词、品牌词、营销词、长尾词、其他词进行分类整理，以便在后面的实训任务中使用。

（5）带数据的关键词的整理。在一定时间范围内，关键词的搜索人气、点击率、点击量、成交量、转化率在一定程度上反映了买家的搜索与购买习惯，可以起到目标市场参考衡量的作用。因此，可以对挖掘到的关键词进行进一步的整理，按照展现量进行排序，筛选并删除搜索人气较低的关键词。用相同的方法，可以筛选出并删除点击率较低、转化率较低、市场平均价较高的关键词。

请根据以上任务操作，把挖掘、分析、整理后的关键词填写到表9-1-12中，关键词数量不少于500个。

表9-1-12　带有数据的关键词

序号	类别	关键词	展现量	点击率	转化率	竞争指数
1						
2						
3						

续表

序号	类别	关键词	展现量	点击率	转化率	竞争指数
4						
5						
6						
7						
8						
9						
10						

任务思考

1. 非标品爆款商品关键词挖掘中，你觉得哪个环节是最关键的？

2. 非标品爆款商品关键词挖掘与标品爆款商品、非标品新品／滞销品、标品新品／滞销品关键词挖掘有什么区别？

3. 你还有哪些挖掘非标品爆款商品的方法？

任务1-4　非标品新品／滞销品关键词挖掘

任务目标

◆ 能够掌握非标品新品／滞销品关键词挖掘的方法。

◆ 能够根据商品特性进行关键词挖掘。

◆ 能够通过数据分析，对挖掘的关键词进行分类和整理。

◆ 能够建立完整的关键词词库。

任务背景

小雅是一家皇冠女装网店的淘宝推广负责人，进入四月份，连衣裙即将迎来销售旺季。店铺内最近新上了很多新品，依靠店内的老客户，很多新品都获得了基础销量，但是通过自然搜索下单成交的客户却寥寥无几。

为了能够让店铺内的新品"百驼真丝连衣裙春夏新款杭州大牌直筒桑蚕丝印花连衣裙"提高自然搜索下单成交量，小雅需要为该商品挖掘精准的关键词并建立一个完整的关键词词库，为后期对该商品进行 SEO 优化做好准备工作。

任务分析

该任务背景介绍的商品为非标品新品，对非标品新品进行关键词挖掘，需要对商品的标题、属性和商品描述进行分析，通过拆分关键词等手段找出商品的核心词、属性词、品牌词、营销词、长尾词等商品相关词，并借助实训系统数据分析中的关键词分析工具对该商品的核心词、属性词进行拓展，完成关键词的挖掘与收集。

非标品新品的关键词挖掘应该侧重营销词与长尾词等竞争力相对较小的词。关键词挖掘完毕后，对关键词进行整理分类，形成最终的关键词词库。

任务操作

1. 根据拆分词原则对标题进行关键词拆分，并把拆分的关键词按类别填写到表9-1-13中。

表9-1-13　标题分词表

关键词类别	百驼真丝连衣裙春夏新款杭州大牌直筒桑蚕丝印花连衣裙
核心词	
属性词	
品牌词	
营销词	
长尾词	
其他词	

2. 根据实训系统中的商品属性拓展关键词，并把关键词填写到表9-1-14中。

表9-1-14　商品属性关键词拓展表

关键词类别	百驼真丝连衣裙春夏新款杭州大牌直筒桑蚕丝印花连衣裙
核心词	
属性词	
品牌词	
营销词	
长尾词	
其他词	

3. 根据商品描述拓展关键词。对实训系统中的商品描述信息进行关键词的拆分，并挑选出与商品相关、符合买家搜索习惯且具有推广的意义的关键词。借助行业热搜词、Top20W词库等工具，删掉没有搜索人气的关键词，并把关键词填写到表9-1-15中。

表9-1-15　商品描述关键词拓展表

关键词类别	百驼真丝连衣裙春夏新款杭州大牌直筒桑蚕丝印花连衣裙
核心词	
属性词	
品牌词	
营销词	
长尾词	
其他词	

4.关键词挖掘与分析整理。在任务1、2、3获取的关键词基础上，借助实训系统数据分析中的关键词分析工具、直通车中的关键词分析工具对关键词进行进一步挖掘与发展，并把关键词进行分析整理，具体任务操作如下：

（1）新建一个 Excel 表格，并把所有的关键词放在 Excel 表格中，以便对关键词进行分析和处理。

（2）删除重复的关键词。利用Excel"删除重复项"功能，删除重复关键词。

（3）删除不相关的关键词。在挖掘关键词的过程中，往往会找到一些与我们的行业或产品不相关的关键词，例如：任务中的"百驼真丝连衣裙桑蚕丝印花长裙"，拆分与挖掘关键词时会出现一些"短裙""纯色连衣裙""纯棉"等不相关的关键词，需要把这部分关键词删除。

（4）关键词分类整理。把挖掘到的关键词按核心词、属性词、品牌词、营销词、长尾词、其他词进行分类整理，以便在后面的实训任务中使用。

（5）带数据的关键词的整理。在一定时间范围内，关键词的搜索人气、点击率、点击量、成交量、转化率在一定程度上反映了买家的搜索与购买习惯，可以起到市场参考衡量的作用。因此，可以对挖掘到的关键词进行进一步的整理，按照展现量进行排序，筛选并删除搜索人气较低的关键词。用相同的方法，可以筛选出并删除点击率较低、转化率较低、市场平均价较高的关键词。

请根据以上任务操作，把挖掘、分析、整理后的关键词填写到表9-1-16中，关键词数量不少于500个。

表9-1-16　带有数据的关键词

序号	类别	关键词	展现量	点击率	转化率	竞争指数
1						
2						
3						

续表

序号	类别	关键词	展现量	点击率	转化率	竞争指数
4						
5						
6						
7						
8						
9						
10						

任务思考

1.非标品新品／滞销品关键词挖掘中，你觉得哪个环节是最关键的？

2.非标品新品／滞销品关键词挖掘与标品新品／滞销品、标品爆款商品、非标品爆款商品关键词挖掘有什么区别？

3.你还有哪些挖掘非标品新品／滞销品关键词的方法？

工作任务二　高竞争力链接 SEO 优化

任务2-1　标品爆款商品标题优化

任务目标

◆ 能够从买家搜索习惯的角度分析关键词。

◆ 能够根据标品爆款商品特征选择合适的关键词进行标题优化。

◆ 掌握爆款商品标题优化的方法。

任务背景

小雅是一家3C数码配件网店的淘宝推广负责人。"6·18"大促活动之后，店内爆款商品的免费流量占比逐渐降低，通过自然搜索进店的访客数也比往日减少。

为了能够使店内的爆款商品获得更多免费的自然流量，小雅决定对店铺内"ROMOSS/罗马仕20000毫安大容量充电宝便携正品移动电源"标品爆款商品进行标题优化。

任务分析

商品标题优化是对商品的标题进行符合规则的优化，使之能够在众多同类商品中排名靠前，增加展现量、点击量以提升转化率的过程，是提高商品排名、获取自然搜索流量的重要手段。

本任务主要是从"任务一关键词挖掘"挖掘的关键词词库中选择关键词组合标题，并从标题长度的控制、关键词分布、关键词词频及关键词组合技巧等维度优化商品标题。

该商品属于标品爆款商品，标品是有明确的规格、型号的商品。用户习惯通过商品的品牌、名称、型号来搜索商品，结合标品与爆款商品的特点，选词时要优先选择强相关性、高搜索人气、品牌词、核心词与型号词等关键词，并把关键词按组合规则进行有效组合，以覆盖更多的用户，以获得更多的自然搜索展现量和点击量。

任务操作

1. 请把表9-2-1的标题进行拆分，把拆分后的关键词填写到表9-2-1中，关键词之间用"/"隔开。

表9-2-1　商品标题关键词统计表

ROMOSS/罗马仕20000毫安大容量充电宝便携正品移动电源	
字符数	
关键词	

2. 请使用实训系统中的搜索排名模块逐一搜索任务操作中的关键词，并根据搜索结果（如图9-2-1所示）把本店铺产品的排名填写在表9-2-2中。

图9-2-1　搜索排名查询结果

表9-2-2　商品排名统计表

ROMOSS/ 罗马仕20000毫安大容量充电宝便携正品移动电源	
关键词	搜索排名

3.请根据商品相关性和任务操作2的排名结果，把现有商品标题中不相关的关键词和部分搜索排名较差的关键词剔除，把商品标题填写在表9-2-3中。

表9-2-3　商品标题

商品标题

4.为商品标题拓展关键词。本商品属于标品爆款商品，首选该商品的核心词、品牌词和强相关的商品属性词、商品型号等。请在"任务一关键词挖掘"任务中标品爆款商品关键词词库中选择合适的关键词，并填写到表9-2-4中，并说明选择该关键词的原因。

表9-2-4　关键词拓展表

类别	关键词	选择原因

5.把任务操作4选择的关键词与任务操作3中的商品标题进行组合，点击实训系统商品标题优化模块，找到该商品，点击"优化标题"按钮，把组合后的新标题填写到优化标题输入框中，如图9-2-2所示。

图9-2-2　实训系统标题优化输入框

6.搜索排查模块，把新标题中的每个关键词，重新进行排名查询并优化。

（1）通过调换关键词位置和替换关键词，组合新的标题，不断进行优化，并及时记录关键词搜索排名信息。比如，关键词"续航大师移动电源"，经过搜索排名查询后发现，商品的排名为第61名，排名相对靠后，但把标题中的"续航大师移动电源"更改为"移动电源20000

毫安"，商品的排名为第4名，搜索其他关键词，商品排名无变化，因此，在这种情况下，可以用"移动电源20000毫安"替换"续航大师移动电源"。

（2）把标题优化最终结果记录在表9-2-5中。

表9-2-5　新标题关键词搜索排名统计表

商品标题：	
关键词	搜索排名

任务思考

1. 能显著提高标品爆款商品排名的关键词主要是哪些类型？

2. 你认为标题优化过程中，哪一个决策点对搜索排名影响最大？

3. 你认为标品爆款商品的标题优化，还应该考虑哪些因素？

任务2-2　非标品爆款商品标题优化

任务目标

◆ 能够从买家搜索习惯的角度分析关键词。

◆ 能够根据非标品爆款商品特征选择合适的关键词进行标题优化。

◆ 掌握非标品爆款商品标题优化的方法。

任务背景

　　小雅是一家女装网店的淘宝推广负责人，经过 SEM 推广和信息流推广，店铺新增了多个爆款，但一段时间后，店内爆款商品的免费流量占比逐渐降低，通过自然搜索进店的访客数比往日减少。

　　为了能够使店内的爆款商品获得更多免费的自然流量，小雅决定对店铺内"海边度假雪纺连衣裙女装新款潮流裙子夏季高腰法式淑女裙子"非标品爆款商品进行标题优化。

任务分析

商品标题优化是对商品的标题进行符合规则的优化，使之能够在众多同类商品中排名靠前，增加展现量、点击量以提升转化率的过程，是提高商品排名、获取自然搜索流量的重要手段。

本任务主要是从"任务一关键词挖掘"任务挖掘的非标品爆款商品关键词词库中选择关键词组合标题，并从标题长度的控制、关键词分布、关键字词频及关键字组合技巧等维度优化商品标题。

非标品爆款选词时要优先选择强相关性、高搜索人气、款式词与风格词等关键词，并把关键词按组合规则进行有效组合，以覆盖更多的用户，获得更多的自然搜索展现量和点击量。

任务操作

1. 请把表9-2-6的标题进行拆分，把拆分后的关键词填写到表9-2-6中，关键词之间用"/"隔开。

表9-2-6　商品标题关键词统计表

海边度假雪纺连衣裙女装新款潮流裙子夏季高腰法式淑女裙子	
字符数	
关键词	

2. 请使用实训系统中的搜索排名模块逐一搜索任务操作1中的关键词，并根据搜索结果（如图9-2-3所示）把本店铺的商品排名填写在表9-2-7中。

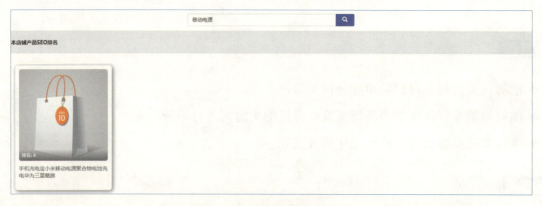

图9-2-3　搜索排名查询结果

表9-2-7　商品排名统计表

海边度假雪纺连衣裙女装新款潮流裙子夏季高腰法式淑女裙子	
关键词	搜索排名

续表

海边度假雪纺连衣裙女装新款潮流裙子夏季高腰法式淑女裙子	
关键词	搜索排名

3. 请根据商品相关性和任务操作2的排名结果，把现有商品标题中不相关的关键词和部分搜索排名较差的关键词剔除，并把商品标题填写在表9-2-8中。

表9-2-8 商品标题

商品标题	

4. 为商品标题拓展关键词。本商品属于非标品爆款商品，首选该商品的核心词、品牌词和强相关的商品属性词、型号词等。请从"任务一关键词挖掘"任务中非标品爆款商品关键词词库中选择合适的关键词，并填写到表9-2-9中，并说明选择该关键词的原因。

表9-2-9 关键词拓展表

分类	关键词	选择原因

5. 把任务操作4选择的关键词与任务操作3中的商品标题进行组合，点击实训系统商品标题优化模块，找到该商品，点击"优化标题"按钮，把组合后的新标题填写到优化标题输入框中，如图9-2-4所示。

图9-2-4 实训系统标题优化输入框

6. 借助实训系统的搜索排名查询模块，把新标题中的每个关键词，重新进行排名查询并优化。

（1）通过调换关键词位置和替换关键词，组合新的标题，不断进行优化，并及时记录关键词搜索排名信息。比如，关键词"夏季连衣裙"，经过搜索排名查询后发现，商品的排名为第43名，但把标题中的"夏季连衣裙"更改为"雪纺连衣裙"，商品的排名为第31名，搜索其他关键词，商品排名无变化，这时要用"雪纺连衣裙"替换"夏季连衣裙"。

（2）把新标题优化最终结果记录在表9-2-10中。

表9-2-10　新标题关键词搜索排名统计表

商品标题：	
关键词	搜索排名

任务思考

1. 能显著提高非标品爆款商品排名的关键词主要是哪些类型？

2. 你认为标题优化过程中，哪一个决策点对搜索排名影响最大？

3. 你认为非标品爆款商品的标题优化，还应该考虑哪些因素？

工作任务三　低竞争力链接 SEO 优化

任务3-1　标品新品／滞销品商品标题优化

任务目标

◆ 能够从买家搜索习惯的角度分析关键词。

◆ 能够根据商品特征选择合适的关键词进行标题优化。

◆ 掌握标品新品／滞销品商品标题优化的方法。

任务背景

小雅是一家手机数码配件网店淘宝推广负责人，最近店铺内新上了几款新品，因为有店内爆款商品的引流，这些商品上架不久便销量破零，但是直接通过自然搜索购买的用户却非常少。

为了能够让店铺内的新品"超薄小巧便携苹果专用移动电源无线迷10000毫安大容量"尽快获得更多自然搜索流量，小雅需要为该商品执行SEO优化。

任务分析

商品标题优化是对商品的标题进行符合规则的优化，使之能够在众多同类商品中排名靠前，增加展现量、点击量以提升转化率的过程，是提高商品排名、获取自然搜索流量的重要手段。

本任务主要是从"任务一关键词挖掘"任务挖掘的标品新品／滞销品关键词词库中选择关键词组合标题，并从标题长度的控制、关键词分布、关键词词频及关键字组合技巧等维度优化商品标题。

该商品属于标品新品，标品是有明确的规格、型号的商品。用户习惯通过商品的品牌、名称、型号来搜索商品。选词时结合标品与新品的特点，要优先选择高相关性词、低竞争属性词、营销词、长尾词与型号词等关键词，并把关键词按组合规则进行有效组合，以覆盖更多的用户，获得更多的自然搜索展现量和点击量。

任务操作

1.请把表9-3-1的标题进行拆分，把拆分后的关键词填写到表9-3-1中，关键词之间用"/"隔开。

表9-3-1 商品标题关键词统计表

超薄小巧便携苹果专用移动电源无线迷10000毫安大容量	
字符数	关键词

2.请使用实训系统中的搜索排名模块逐一搜索任务操作1中的关键词，并根据搜索结果（如图9-3-1所示），把本店铺商品的排名填写在表9-3-2中。

图9-3-1　搜索排名查询结果

表9-3-2　商品排名统计表

超薄小巧便携苹果专用移动电源无线迷10000毫安大容量	
关键词	搜索排名

3.请根据商品相关性和任务操作2的排名结果，把现有商品标题中不相关的关键词和部分搜索排名较差的关键词剔除，把商品标题填写在表9-3-3中。

表9-3-3　商品标题

商品标题	

4.为商品标题拓展关键词。本商品属于标品新品，首选该商品的高相关性词、低竞争属性词、营销词、长尾词及型号词。请从"任务一关键词挖掘"任务中标品新品／滞销品关键词词库中选择合适的关键词，并填写到表9-3-4中，并说明选择该关键词的原因。

表9-3-4　关键词拓展表

分类	关键词	选择原因

5.把任务操作4选择的关键词与任务操作3中的商品标题进行组合，点击实训系统商品标题优化模块，找到该商品，点击"优化标题"按钮，把组合后的新标题填写到优化标题输入框中，如图9-3-2所示。

图9-3-2　实训系统标题优化输入框

6.借助实训系统的搜索排名查询模块，把新标题中的每个关键词重新进行排名查询。

（1）通过调换关键词位置和替换关键词，组合新的标题，不断进行优化，并及时记录关键词搜索排名信息。比如，关键词"续航大师移动电源"，经过搜索排名查询后发现产品的排名为第61名，排名相对靠后，但把标题中的"续航大师移动电源"更改为"移动电源20 000毫安"，产品的排名为第4名，搜索其他关键词，商品排名无变化，因此，在这种情况下，可以用"移动电源20000毫安"替换"续航大师移动电源"。

（2）把新标题优化最终结果记录在表9-3-5中。

表9-3-5　新标题关键词搜索排名统计表

商品标题：	
关键词	搜索排名

任务思考

1.能显著提高标品新品／滞销品排名的关键词主要是哪些类型？

2.你认为标题优化过程中，哪一个决策点对搜索排名影响最大？

3.你认为标品新品／滞销品的标题优化，还应该考虑哪些因素？

任务3-2 非标品新品/滞销品商品标题优化

任务目标

◆ 能够从买家搜索习惯的角度分析关键词。
◆ 能够根据商品特征选择合适的关键词进行标题优化。
◆ 掌握非标品新品/滞销品商品标题优化的方法。

任务背景

小雅是一家皇冠女装网店的淘宝推广负责人,进入四月份,连衣裙即将迎来销售旺季。店铺内最近新上了很多新品,依靠店内的老客户,很多新品都获得了基础销量,但是通过自然搜索下单成交的客户却寥寥无几。

为了能够让店铺内的新品"百驼真丝连衣裙春夏新款杭州大牌直筒桑蚕丝印花长裙"提高自然搜索下单成交量,小雅已经建立了该商品的关键词词库,需要根据已经建好的关键词词库,完成该商品的SEO优化工作。

任务分析

商品标题优化是对商品的标题进行符合规则的优化,使之能够在众多同类商品中排名靠前,增加展现量、点击量以提升转化率的过程,是提高商品排名、获取自然搜索流量的重要手段。

本任务主要是从"任务一关键词挖掘"任务挖掘的关键词词库中选择关键词组合标题,并从标题长度的控制、关键词分布、关键词词频及关键字组合技巧等维度优化商品标题。

结合非标品新品/滞销品的特点,选词时要优先选择高相关性、低搜索人气、营销词、长尾词、款式词与风格词等关键词,并把关键词按组合规则进行有效组合,以覆盖更多的用户,获得更多的自然搜索展现量和点击量。

任务操作

1.请把表9-3-6的标题进行拆分,把拆分后的关键词填写到表9-3-6中,关键词可用"/"隔开。

表9-3-6　商品标题关键词统计表

百驼真丝连衣裙春夏新款杭州大牌直筒桑蚕丝印花长裙	
字符数	
关键词	

2. 请使用实训系统中的搜索排名模块逐一搜索任务操作1中的关键词，并根据搜索结果（如图9-3-3所示），把本店铺的商品排名项写在表9-3-7中。

图9-3-3　搜索排名查询

表9-3-7　商品排名统计表

百驼真丝连衣裙春夏新款杭州大牌直筒桑蚕丝印花长裙	
关键词	搜索排名

3. 请根据商品相关性和任务操作2的排名结果，把现有商品标题中不相关的关键词和部分搜索排名较差的关键词剔除，把商品标题填写在表9-3-8中。

表9-3-8　商品标题

商品标题	

4. 为商品标题拓展关键词。本商品属于非标品新品，首选该商品的高相关性、低搜索人气的营销词、长尾词、款式词与风格词等。请从"任务一关键词挖掘"任务中非标品新品／滞销品关键词词库中选择合适的关键词，并填写到表9-3-9中，并说明选择该关键词的原因。

表9-3-9　关键词拓展表

分类	关键词	选择原因

5.把任务操作4选择的关键词与任务操作3中的商品标题进行组合，点击实训系统商品标题优化模块，找到该商品，点击"优化标题"按钮，把组合后的新标题，填写到优化标题输入框中，如图9-3-4所示。

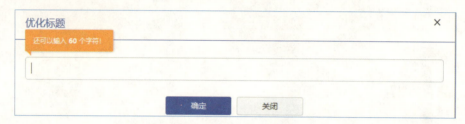

图9-3-4　实训系统标题优化输入框

6.借助实训系统的搜索排名查询模块，把新标题中的每个关键词，重新进行排名查询。

（1）通过调换关键词位置和替换关键词，组合新的标题，不断进行优化，并及时记录关键词搜索排名信息。比如，关键词"真丝连衣裙"，经过搜索排名查询后发现，商品的排名为第954位，但把标题中的"真丝连衣裙"更改为"大牌连衣裙"，商品的排名为第101位，搜索其他关键词，商品排名无变化，这时要用"大牌连衣裙"替换"真丝连衣裙"。

（2）把新标题优化最终结果记录在表9-3-10中。

表9-3-10　新标题关键词搜索排名统计表

商品标题：	
关键词	搜索排名

任务思考

1.能显著提高非标品新品／滞销品排名的关键词是哪些类型？

2.你认为在非标品新品／滞销品标题优化过程中，哪一个决策点对搜索排名的影响最大？

3.你认为非标品新品／滞销品的标题优化，还应该考虑哪些因素？

工作任务四　SEM 推广

任务4-1　标品爆款关键词添加

任务目标

◆ 能够制定标品类目爆款关键词策略。

◆ 能够对标品类目爆款进行直通车推广关键词的添加。

任务背景

小雅是一家手机数码配件网店的淘宝推广负责人，店铺内主营商品为移动电源，商品"ROMOSS/罗马仕20 000毫安大容量充电宝便携正品移动电源"的展现、点击与成交数据较好，具有一定的爆款倾向。为了更好地打造爆款，小雅决定对该商品在给定的推广资金范围内进行直通车推广。为了更好地进行关键词的管理、控制花费，小雅对该商品单独建立一个标准推广计划，并进行关键词添加。

任务分析

爆款商品推广策略的核心是与同行业卖家竞争最大流量入口，使商品达到行业曝光度最大化。因此，爆款商品直通车推广关键词应优先选择行业内的热搜词，以引入大量的流量。

标品类目的关键词较少，大都是属性词或者品牌词等短词，且关键词的竞争度相对较大；精准度较高的长尾词虽竞争较小，但几乎没有流量。因此，在进行爆款商品的推广关键词添加时，侧重于热门属性词、核心词、品牌词等高竞争词的选取。

任务操作

一、新建推广计划与推广单元

任务操作1：点击"新建推广计划"，填写推广计划名称，选择推广计划类型，点击"确定"，如图9-4-1所示。

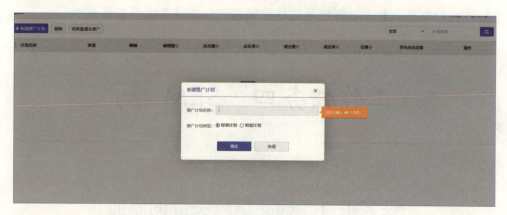

图9-4-1　新建推广计划

任务操作2：点击"新建推广单元"，选择推广宝贝，点击"下一步"，如图3-4-2所示。

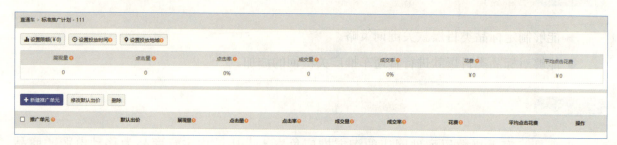

图9-4-2　新建推广单元

二、添加关键词

系统提供三种加词方法：按照系统推荐添加关键词、全站搜索添加关键词、加词清单手动添加关键词。

标品爆款适合行业热搜词，因此，加词的时候更加注重关键词的搜索人气、点击率、转化率等数据。首先找出行业的热搜词，并把热搜词添加到表9-4-1中。

表9-4-1　行业热搜词统计表

序号	关键词	搜索人气	点击率	转化率	竞争机制
1					
2					
3					
4					
5					
6					
7					

续表

序号	关键词	搜索人气	点击率	转化率	竞争机制
8					
9					
10					

对找出的关键词，要分析关键词与商品本身的相关性，因此，对于上述关键词，还要进行相关性判断，剔除不相关或者低相关关键词，最终找出目标关键词，并把关键词填入表9-4-2中。

表9-4-2　目标关键词统计表

序号	关键词	搜索人气	点击率	转化率
1				
2				
3				
4				
5				
6				
7				
8				
9				
10				

当手动输入通过其他渠道挖掘到的关键词时，同样要考虑关键词的搜索人气、点击率、转化率、竞争度、相关性等因素。

任务操作1：点击"添加关键词"，如图9-4-3所示。

图9-4-3　添加关键词

任务操作2：选择或输入关键词，点击"确认添加"，如图9-4-4所示。

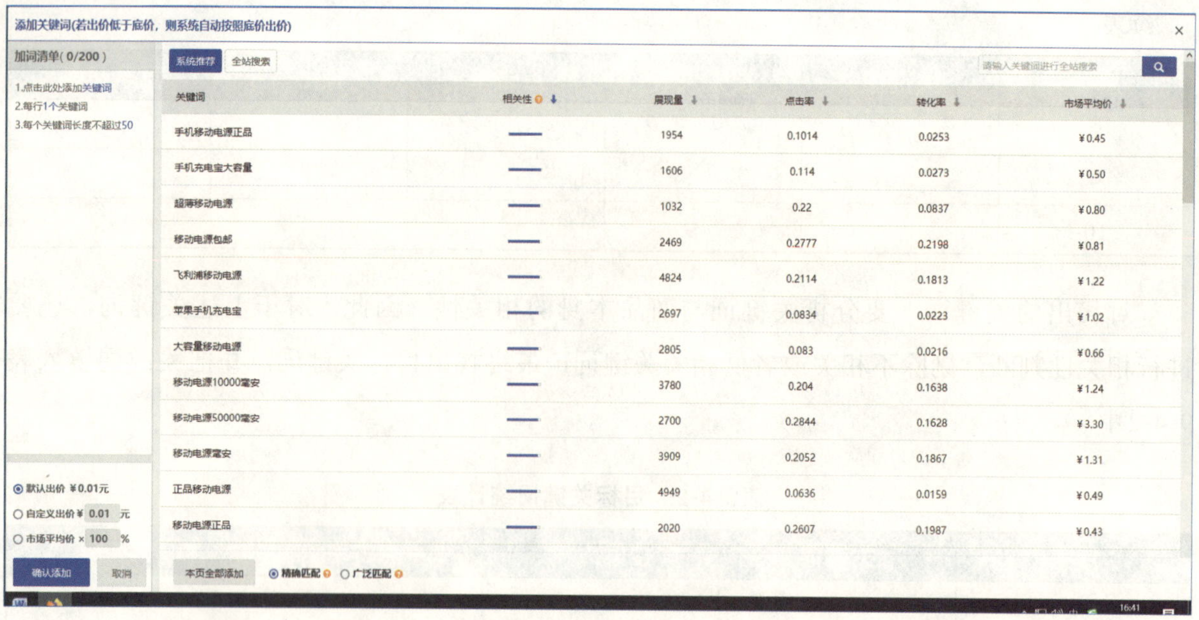

图9-4-4　选择或输入关键词

任务思考

1. 标品爆款商品添加关键词时，应首先考虑关键词的哪些要素？

2. 直通车添加关键词时，可以通过什么方法挖掘关键词？

任务4-2　标品新品 / 滞销品关键词添加

任务目标

◆ 能够制定标品类目新品 / 滞销品的关键词策略。

◆ 能够对标品类目新品 / 滞销品进行直通车推广关键词的添加。

任务背景

　　小雅是一家手机数码配件网店的淘宝推广负责人，店铺内推广商品为移动电源，商品"超薄小巧便携苹果专用移动电源无线迷10000毫安大容量"的展现量、点击量与成交数据较差，出现了滞销倾向。为了实现滞销品的促活，小雅决定对该商品在给定的推广资金范围内进行直通车推广。为了更好地进行关键词的管理，控制花费，小雅对商品单独建立了标准推广计划，并进行关键词的添加。

　　新品或滞销品推广策略的核心是通过避开行业竞争大词，通过争取大批量精准关键词流量的方式实现商品的推广。标品类目搜索词较少，大部分为属性词、品牌词、核心词，但新品或滞销品的市场竞争力较弱，这就需要在关键词添加时不仅要添加有一定搜索人气的精准长尾词，实现精准引流，还要添加属性词、品牌词、核心词等热门搜索关键词，保证推广效果。

任务操作

一、新建推广计划与推广单元

　　任务操作1：点击"新建推广计划"，填写推广计划名称，选择推广计划类型，点击"确定"。如图9-4-5所示。

图9-4-5　新建推广计划

　　任务操作2：点击"新建推广单元"，选择推广宝贝，点击"下一步"。如图9-4-6所示。

图9-4-6　新建推广单元

二、添加关键词

　　1.标品类目搜索词较少，要想保证推广效果，必须要对行业热搜词进行推广，因此，加词的时候更加注重关键词的搜索人气、点击率、转化率等数据。首先找出行业的热搜词，剔除与推广商品不相关的关键词，并把行业热搜词填写在表9-4-3中。

表9-4-3　行业热搜词统计表

序号	关键词	搜索热度	点击率	转化率
1				
2				
3				
4				
5				
6				
7				
8				
9				
10				

2. 新品或滞销品的市场竞争度较低，单靠推广行业热搜词，花费会相对较高。为了适当降低关键词的平均点击花费，还要推广部分具有搜索人气的精准长尾词实现精准引流，因此，还需找出具有一定搜索人气的精准长尾词，把精准长尾词填入表9-4-4中。

表9-4-4　精准长尾词统计表

序号	关键词	搜索人气	点击率	转化率
1				
2				
3				
4				
5				
6				
7				
8				
9				
10				

任务操作1：点击"添加关键词"。如图9-4-7所示。

图9-4-7　添加关键词

任务操作2：选择或输入关键词，点击"确认添加"，如图9-4-8所示。

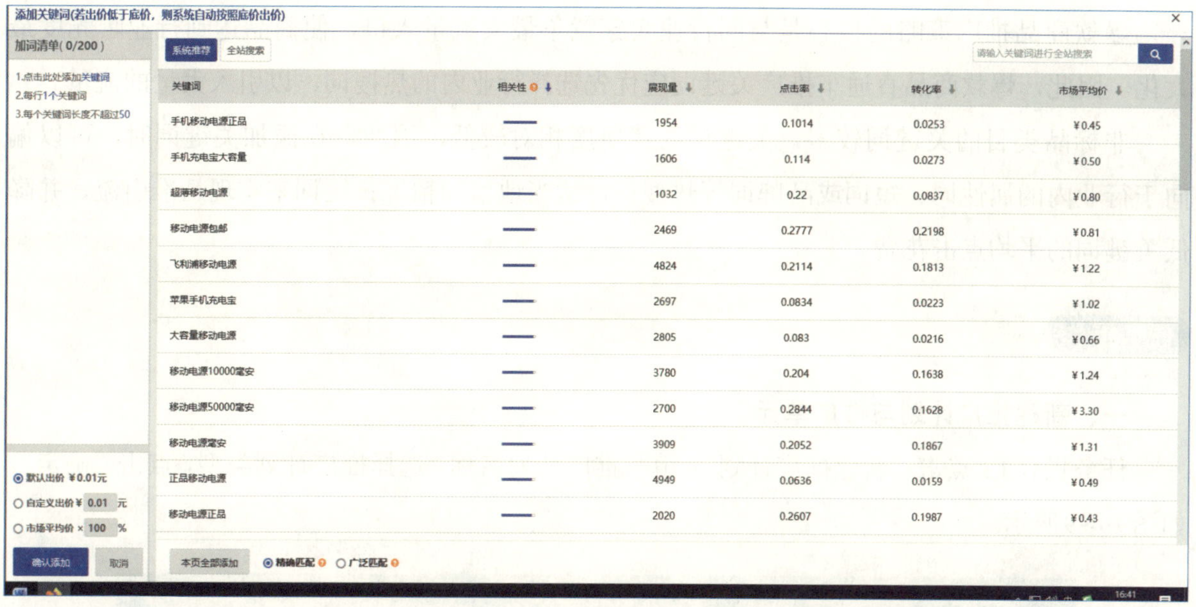

图9-4-8 选择或输入关键词

任务思考

1. 标品类目的关键词与非标品类目关键词有何不同？

2. 如何保证添加关键词的质量分？

任务4-3 非标品爆款关键词添加

任务目标

◆ 能够制定非标品爆款关键词策略。

◆ 能够对非标品爆款进行直通车推广关键词的添加。

任务背景

　　小雅是一家皇冠女装店铺的淘宝推广负责人，在前期对具有爆款潜力的商品"海边度假雪纺连衣裙女装新款潮流裙子夏季高腰法式淑女裙子"进行了SEO推广，为了更好地打造爆款，小雅决定继续对爆款商品在给定的推广资金范围内进行直通车推广。为了更好地进行关键词的管理，控制花费，小雅对商品单独建立了标准推广计划，进行关键词的添加。

任务分析

爆款商品推广策略的核心是与同行业卖家竞争最大流量入口，使商品达到行业曝光度最大化。因此，爆款商品直通车推广关键词应优先选择行业内的热搜词，以引入大量的流量。

非标品类目的关键词较多，关键词的竞争度相对较低，因此，在添加关键词时，可以偏向于行业内的属性词、短词或品牌词等热搜词，适当地增加精准长尾词来实现精准引流，并降低关键词的平均点击花费。

任务操作

一、新建推广计划与推广单元

任务操作1：点击"新建推广计划"，填写推广计划名称，选择推广计划类型，点击"确定"。如图9-4-9所示。

图9-4-9　新建推广计划

任务操作2：点击"新建推广单元"，选择推广宝贝，点击"下一步"，如图9-4-10所示。

图9-4-10　新建推广单元

二、关键词添加

非标品爆款适合行业热搜词，因此，加词的时候需要更加注重关键词的搜索人气、点击率、转化率等数据。首先找出行业的热搜词，并根据商品信息判断相关性，剔除不相关或者低相关关键词，并把行业热搜词填写在表9-4-5中。

表9-4-5　行业热搜词统计表

序号	关键词	搜索人气	点击率	转化率	竞争指数
1					
2					
3					
4					
5					
6					
7					
8					
9					
10					

由于非标品类目的搜索词较多，在进行爆款打造时，还应适当地添加具有一定搜索人气的精准长尾词实现精准引流，并降低关键词的点击花费，请把要添加的精准长尾词填写在表9-4-6中。

表9-4-6　精准长尾词统计表

序号	关键词	搜索人气	点击率	转化率
1				
2				
3				
4				
5				
6				
7				
8				
9				
10				

当手动输入通过其他渠道挖掘到的关键词时，同样要考虑关键词的搜索人气、点击率、转化率、竞争度、相关性等因素。

任务操作1：点击"添加关键词"，如图9-4-11所示。

图9-4-11　添加关键词

任务操作2：选择或输入关键词，点击"确认添加"，如图9-4-12所示。

图9-4-12　选择或输入关键词

任务思考

1. 非标品类目的关键词有什么特点？

2. 爆款商品如何添加关键词才能在保证有搜索量的同时尽可能地降低花费？

任务4-4　非标品新品/滞销品关键词添加

任务目标

◆ 能够制定非标品新品/滞销品关键词策略。

◆ 能够对非标品新品/滞销品进行直通车推广关键词的添加。

任务背景

小雅作为一家皇冠女装店铺的淘宝推广负责人，观察到商品"百驼真丝春夏新款杭州大牌直筒桑蚕丝印花长裙"的交易转化数据较差，存在滞销的倾向，为了实现滞销品的促活，小雅决定对该商品在给定的资金范围内进行直通车推广。为了更好地进行关键词的管理，控制花费，小雅对商品单独建立了一个标准推广计划，进行关键词的添加。

任务分析

新品或滞销品推广策略的核心是通过避开行业竞争大词，通过争取大批量精准关键词流量的方式实现商品的推广。非标品类目商品属性、特征丰富，关键词较多，新品或滞销品的市场竞争力较弱，但精准长尾词的竞争度较低。因此，在添加关键词时可以通过添加大量精准长尾词的方法，抢占大批量精准流量，降低关键词的平均点击花费，并适当添加行业热搜词，抢占部分行业热门关键词流量，保证推广效果。

任务操作

一、新建推广计划与推广单元

任务操作1：点击"新建推广计划"，填写推广计划名称，选择推广计划类型，点击"确定"，如图9-4-13所示。

图9-4-13 新建推广计划

任务操作2：点击"新建推广单元"，选择推广宝贝，如图9-4-14所示。

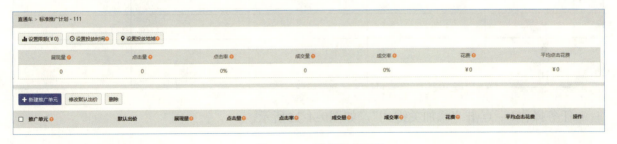

图9-4-14 选择推广宝贝

219

二、关键词添加

1.新品或滞销品的市场竞争度较低，可通过大量添加精准长尾词的方法实现商品促活的目的，同时关键词要具有一定的搜索人气。请把需要添加的精准长尾词填写在表9-4-7中。

表9-4-7　精准长尾词统计表

序号	关键词	搜索人气	点击率	转化率
1				
2				
3				
4				
5				
6				
7				
8				
9				
10				

2.除添加大量精准长尾词外，还要添加部分行业热搜词，保证推广效果，添加的行业热搜词要与商品具有相关性，相关性越高，推广效果越好。请把行业热搜词填写在表9-4-8中。

表9-4-8　行业热搜词统计表

序号	关键词	搜索人气	点击率	转化率
1				
2				
3				
4				
5				
6				
7				
8				
9				
10				

任务操作1：点击"添加关键词"，如图9-4-15所示。

图9-4-15 添加关键词

任务操作2：选择或输入关键词，点击"确认添加"，如图9-4-16所示。

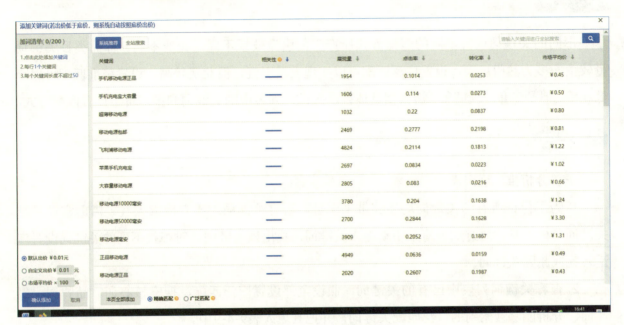

图9-4-16 选择或输入关键词

任务思考

1. 非标品新品／滞销品关键词添加过程中首先要考虑的因素是什么？

2. 非标品新品／滞销品应如何挖掘关键词？

任务4-5 标品关键词匹配方式设置

任务目标

◆ 能够为标品推广关键词制定合理的匹配方式。

◆ 能够根据关键词匹配方式的设置，删除无用的关键词。

任务背景

不同的关键词有不同的特点，在不同的情况下设置不同的匹配方式，往往能达到不同的推广效果。

小雅是一家手机数码配件网店的淘宝推广负责人,为了达到更好的推广效果,小雅开始为爆款潜力品"ROMOSS/罗马仕20000毫安大容量充电宝便携正品移动电源"与滞销品"超薄小巧便携苹果专用移动电源无线迷10000毫安大容量"推广的关键词设置匹配方式。

任务分析

不同的关键词设置不同的匹配方式所产生的引流效果不同,花费不同。标品类目关键词量较少,多为热门短词,设置广泛匹配可以实现大量引流,但花费较高,设置精准匹配可以降低花费,但是流量也就降低。需根据具体推广关键词列表中的关键词和推广资金设置匹配方式。

任务操作

一、分析推广词列表

1. 为了保证所有的关键词均能够带来流量,所有关键词均要有搜索人气。借助实训系统关键词分析工具,通过加词清单手动输入关键词,找出该关键词,对查找不到的关键词设置广泛匹配或删除关键词。

2. 查看关键词列表中已有的关键词,假设全部设置广泛匹配,搜索核心词、品牌词、属性词,分析能够搜索到的广泛匹配关键词,并把其填入表9-4-9中。

表3-4-9　广泛匹配关键词

搜索关键词	相关关键词			

二、设置匹配方式

根据推广资金、推广列表中的关键词与关键词个数、关键词预估流量,合理设置匹配方式。

另外,对能够广泛匹配到的关键词,修改匹配方式或删除低质量分的关键词,避免出现无用关键词。

任务操作1:找到相应的关键词,点击"修改匹配方式",在弹出窗口修改关键词的匹配方式,点击"确定"。如图9-4-17所示。

图9-4-17 修改匹配方式

任务操作2：找到需要删除的关键词，点击"确定"。如图9-4-18所示。

图9-4-18 删除选中的关键词

1. 精准长尾关键词设置精准匹配有什么优势？

2. 精准长尾关键词设置广泛匹配有什么优势？

任务4-6 非标品关键词匹配方式设置

任务目标

◆ 能够为推广关键词制定合理的匹配方式。

◆ 能够根据关键词匹配方式的设置，删除无用关键词。

任务背景

非标品类目的关键词较多，因此在设置推广关键词的匹配方式时，更需要合理设置，一方面获得合适的流量，另一方面控制花费。

小雅是一家皇冠女装店铺的淘宝推广负责人，需要为爆款潜力品"海边度假雪纺连衣裙女装新款潮流裙子夏季高腰法式淑女裙子"与滞销品"百驼真丝春夏新款杭州大牌直筒桑蚕丝印花长裙"推广的关键词设置匹配方式，最大限度地获得流量，降低关键词点击花费。

任务分析·

不同的关键词设置不同的匹配方式引流效果不同、花费不同。非标品类目推广关键词数量相对较多，当设置精准匹配时引流效果有限，当设置广泛匹配时流量较大，但是花费也相对较多，另外，由于广泛匹配，会导致推广关键词列表中出现无用关键词，可结合推广关键词列表的具体情况设置匹配方式。

任务操作

一. 分析推广词列表

1.为了保证所有的关键词均能够带来流量，所有关键词均要有搜索人气。结合直通车推广关键词工具，搜索列表中手动输入的关键词，查看关键词的搜索人气，对无搜索人气关键词设置广泛匹配或删除关键词。

2.查看关键词列表中已有关键词，若全部设置广泛匹配，搜索核心词、品牌词、属性词，分析能够搜索到的广泛匹配关键词，并把其填入表9-4-10。

表9-4-10　广泛匹配关键词表

搜索关键词	相关关键词			

二、设置匹配方式

根据推广资金、推广列表中的关键词与关键词个数、关键词预估流量，合理设置匹配方式。

　　另外，对能够广泛匹配到的关键词，修改匹配方式或删除低质量分的关键词，避免出现无用关键词。

　　任务操作1：找到相应的关键词，点击"修改匹配方式"，在弹出窗口修改关键词的匹配方式，点击"确定"。如图9-4-19所示。

图9-4-19　修改匹配方式

　　任务操作2：找到需要删除的关键词，点击"确定"。如图9-4-20所示。

图9-4-20　删除选中的关键词

任务思考

1.关键词精准匹配与广泛匹配各有什么优劣势？

2. 在一批相关关键词中，若设置广泛匹配，当买家搜索某一关键词时，哪个关键词参与排名？

任务4-7　标品爆款关键词出价

任务目标

◆ 能为标品爆款商品的推广词制定合理的出价策略。
◆ 能对具体的关键词设置合理的出价。
◆ 能根据排名反馈与预估点击扣费调整关键词出价。

任务背景

小雅是一家手机数码配件网店的淘宝推广负责人，关键词出价是竞价的核心过程，合理的关键词出价，可以直接降低推广费用，带来更好的推广效果。在设置完关键词的匹配方式后，小雅开始对爆款商品 "ROMOSS/ 罗马仕20 000毫安大容量充电宝便携正品移动电源" 的推广关键词逐一调整出价。

任务分析

爆款推广关键词策略更多考虑的是行业内的属性词、短词或品牌词等热搜词，适当地推广精准长尾词。由于标品类目推广词较少，竞争难度较大，想要获得较好的排名，关键词的出价也会相对较高。对于部分花费较高的关键词，可以通过适当地降低关键词出价的方式，降低关键词的单次点击花费，并把节省的费用购买其他低竞争的热门词或精准长尾词。

任务操作

设置关键词出价

1. 关键词排名靠后，很难为商品带来流量。当修改关键词出价时，可以看到关键词的预估排名变化。因此，在出价时要保证关键词的预估排名在一定的范围之内。例如，排名在前三页时，推广效果较好。

2. 在调整出价时，不一定要始终保持在非常靠前的位置，因为在相同的质量分下，排名越靠前，出价越高，最终单次点击花费也就越高。又由于标品类目的关键词较少，竞争更为激烈，出价也相对较高。在关键词出价时，可以根据关键词的出价、质量分，大体估算关键词的单次点击花费。例如，假设下一名的关键词质量分与你的关键词质量分相同，下一名关键词的出价为你的出价减去0.01元，或假设下一名的关键词出价与你的关键词出价相同，下一名的质量分为你的关键词质量分减去0.1分。请把关键词质量分与其他相关信息填入表9-4-11。

表9-4-11 关键词质量分表

关键词	出价	质量分	排名	预估点击花费

当某个关键词的预估点击花费高出其他关键词的预估点击花费较多时，可以在能够带来流量的关键词排名范围之内，适当地降低关键词的出价。

爆款倾向的商品在市场竞争方面具有一定的优势，可以适当地提高核心词、品牌词、属性词等热门短词的出价，保证推广效果。

任务操作1：在关键词添加时，可以对关键词批量调整出价，批量出价的方式主要有三种：默认出价、自定义出价、按市场平均价的百分比出价。添加关键词的界面如图9-4-21所示。

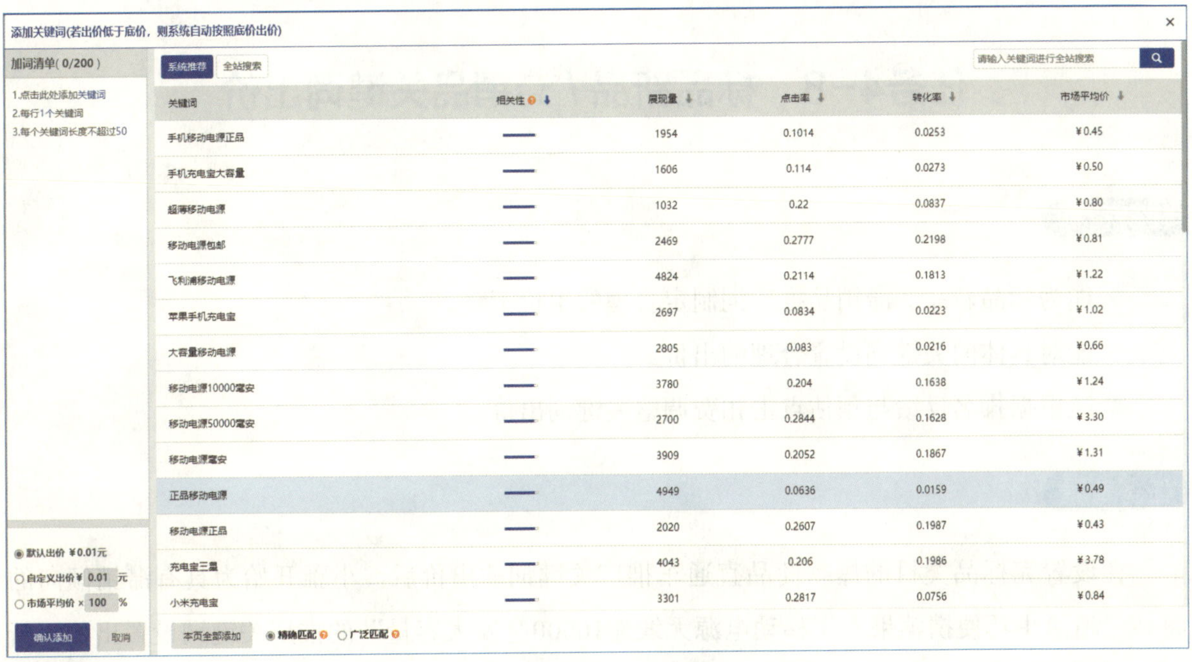

图9-4-21 添加关键词

任务操作2：逐一调整关键词的出价，如图9-4-22所示。

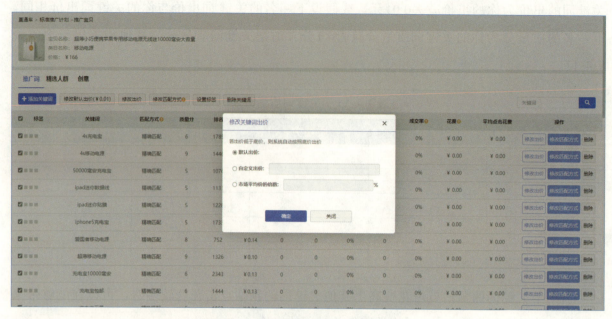

图9-4-22 调整关键词的出价

任务思考

1. 关键词的单次点击花费是否等于关键词出价？关键词出价如何计算？
2. 若想降低某一关键词的单次点击花费，应如何操作？

任务4-8 标品新品／滞销品关键词出价

任务目标

◆ 能为标品新品／滞销品推广词制定合理的出价策略。

◆ 能对具体的关键词设置合理的出价。

◆ 能根据排名反馈与预估点击扣费调整关键词出价。

任务背景

在设置完标品类目的爆款商品直通车推广关键词的出价后，小雅开始为具有滞销倾向的商品"超薄小巧便携苹果专用移动电源无线迷10000毫安大容量"的推广关键词设置出价。新品或滞销品的市场竞争力较弱，若想获得足够的流量，关键词的出价尤为重要，为了获得更好的推广效果，尽可能地降低推广费用，小雅开始对推广关键词逐一调整出价。

任务分析

新品或滞销品推广策略的核心是通过避开行业竞争大词，争取大批量精准关键词流量的方式实现商品推广。精准关键词的搜索人气有限，目标品类目多为属性词、品牌词、核心词，但新品或滞销品的市场竞争力较弱，这就需要在关键词出价时不仅要提高仅有的精准长尾词的出价，抢占精准流量，还要提高属性词、品牌词、核心词等热门搜索关键词的出价，保证推广效果。

任务操作

设置关键词出价

1.关键词排名靠后时，很难为商品带来流量。当修改关键词出价时，可以看到关键词的预估排名变化。因此，在出价时，要保证关键词的预估排名在一定的范围之内。例如，排名在前三页时，推广效果较好。

2.新品或滞销品的市场竞争力较弱，在出价时可以尽可能地提高精准关键词的出价，最大化地获取关键词流量。标品类目关键词较少，还需适当地提高核心词、品牌词、属性词等热门短词的出价，保证推广效果，但不一定始终保持在非常靠前的位置，因为在相同的质量分下，排名越高，出价越高，最终单次点击花费也就越高。在关键词出价时，可以根据关键词的出价、质量分，大体估算关键词的单次点击花费。例如，假设下一名的关键词质量分与你的关键词质量分相同，下一名关键词的出价为你的出价减去0.01元；或假设下一名的关键词出价与你的关键词出价相同，下一名的质量分为你的关键词质量分减去0.1分。请把关键词出价和其他相关信息填入表9-4-12。

表9-4-12　关键词质量分表

关键词	出价	质量分	排名	预估点击花费

当某个关键词的预估点击花费高出其他关键词的预估点击花费较多时，可以在能够带来流量的关键词排名范围之内，适当地降低关键词的出价。

任务操作1：在关键词添加时，可以对关键词批量调整出价，批量调整出价的方式主要有三种：默认出价、自定义出价、按市场平均价的百分比出价。如图9-4-23所示。

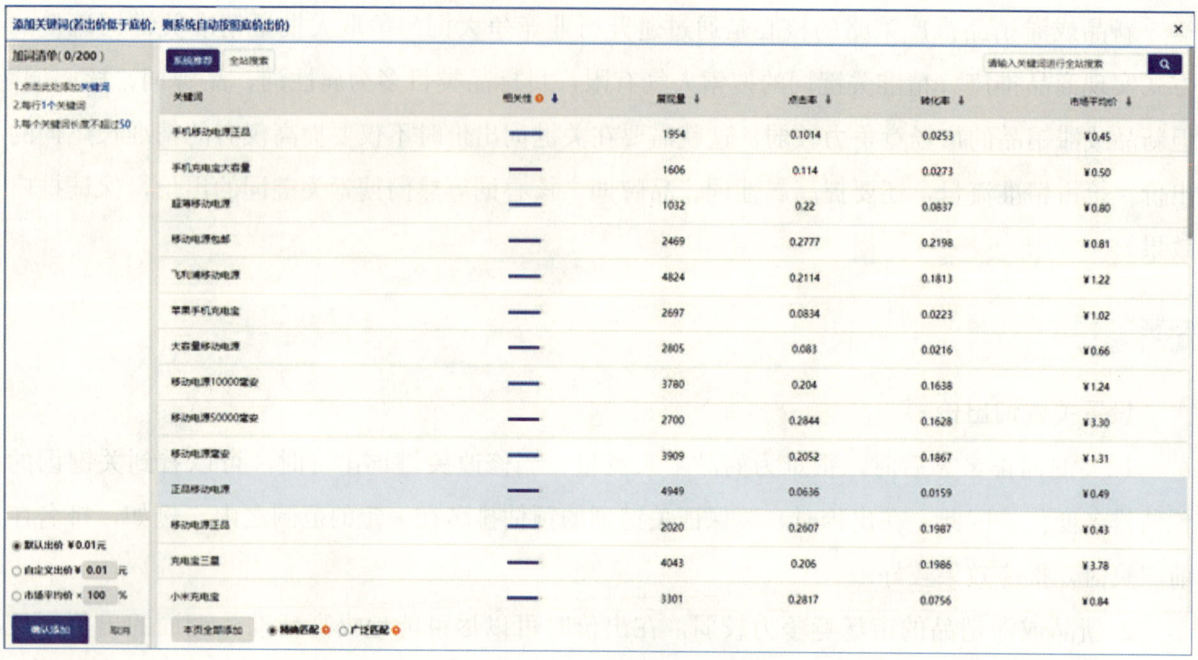

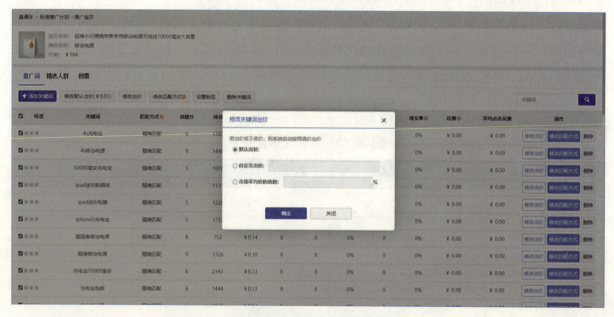

图9-4-23　批量调整出价

任务操作2：逐一调整关键词的出价。如图9-4-24所示。

图9-4-24　逐一调整关键词的出价

任务思考

1. 为什么要保证关键词的排名在相对靠前的位置？如何保证关键词的排名靠前？

2. 三种关键词批量出价的含义是什么？

任务4-9 非标品爆款关键词出价

任务目标

◆ 能为非标品爆款商品推广词制定合理的出价策略。
◆ 能对具体的关键词设置合理的出价。
◆ 能根据排名反馈与预估点击扣费调整关键词出价。

任务背景

小雅是一家皇冠女装店铺的淘宝推广负责人，对于推广来说，关键词出价调整是日常工作的重要内容，合理的关键词出价可以降低关键词点击花费，在一定的推广资金范围内获得更好的推广效果。"海边度假雪纺连衣裙女装新款潮流裙子夏季高腰法式淑女裙子"作为小雅店铺内的爆款商品，推广关键词数量也相对较多，小雅需对推广关键词逐一调整出价。

任务分析

爆款推广关键词策略更多考虑的是行业内的属性词、短词或品牌词等热搜词，适当地推广精准长尾词。由于行业热词、短词的竞争相对激烈，因此想要获得较好的排名，关键词的出价也会相对较高。又由于非标品类目推广词数量较多，对于部分花费较高的关键词，可以通过适当地降低关键词出价的方式降低关键词的单次点击花费，并把节省的费用购买其他低竞争的热门词或精准长尾词。

任务操作

设置关键词出价

1. 关键词排名靠后很难为商品带来流量。当修改关键词出价时，可以看到关键词的预估排名变化。因此，在出价时，要保证关键词的预估排名在一定的范围之内。例如，排名在前三页时，推广效果较好。

2. 非标品类目的关键词较多，在调整出价时不一定始终保持在非常靠前的位置，因为在相同的质量分下，排名越靠前，出价越高，最终单次点击花费也就越高。在关键词出价时，可以根据关键词的出价、质量分，大体估算关键词的单次点击花费。例如，假设下一名的关键词质量分与你的关键词质量分相同，下一名关键词的出价为你的出价减去0.01元；或假设下一名的关键词出价与你的关键词出价相同，下一名的质量分为你的关键词质量分减去0.1分。请把关键词出价和其他相关信息填入表9-4-13。

表9-4-13　关键词质量分表

关键词	出价	质量分	排名	预估点击花费

当某个关键词的预估点击花费高出其他关键词的预估点击花费较多时，可以在能够带来流量的关键词排名范围之内，适当地降低关键词的出价。

爆款倾向的商品在市场竞争方面具有一定的优势，可以适当地提高核心词、品牌词、属性词等热门短词的出价，保证推广效果。

任务操作1：在关键词添加时，可以对关键词批量调整出价，批量调整出价的方式主要有三种：默认出价、自定义出价、按市场平均价的百分比出价。如图9-4-25所示。

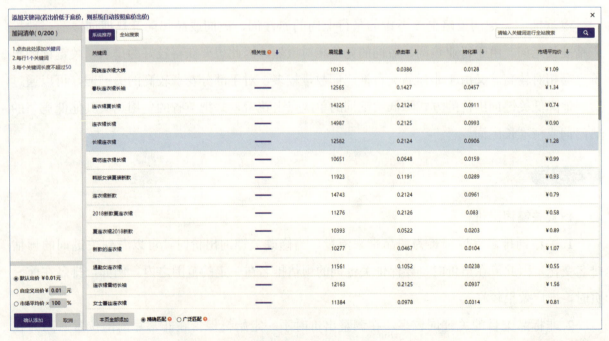

图9-4-25　批量调整出价

任务操作2：逐一调整关键词的出价。如图9-4-26所示。

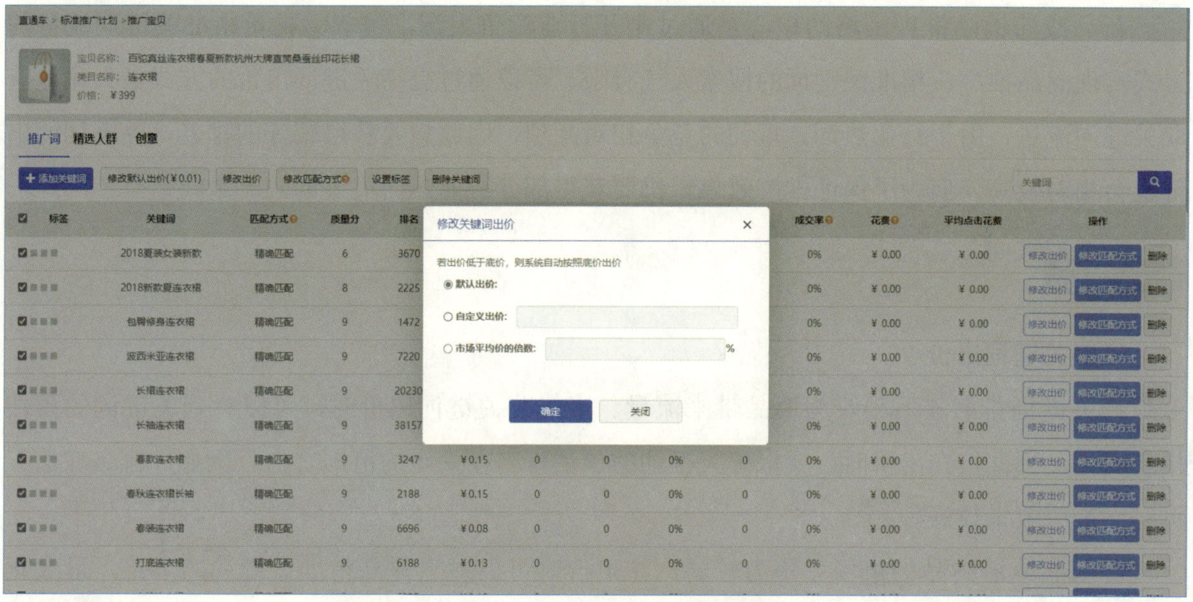

图9-4-26 逐一调整关键词的出价

任务思考

1. 若对不同的时段设置不同的出价折扣，最终关键词出价是多少？
2. 要保证关键词排名靠前，除了提高关键词的出价外，还可以怎么做？

任务4-10 非标品新品 / 滞销品关键词出价

任务目标

◆ 能为非标品新品 / 滞销品推广词制定合理的出价策略。
◆ 能对具体的关键词设置合理的出价。
◆ 能根据排名反馈与预估点击扣费调整关键词出价。

任务背景

在设置完非标品类目爆款商品的直通车推广关键词出价后，小雅开始为具有滞销倾向的商品"百驼真丝连衣裙春夏新款杭州大牌直筒桑蚕丝印花长裙"设置出价。新品或滞销品的市场竞争力较弱，要想保证推广效果，关键词的出价尤为重要。为了获得更好的推产效果，尽可能地降低推广费用，小雅需对推广关键词逐一调整出价。

任务分析

新品或滞销品推广策略的核心是通过避开行业竞争大词，争取大批量精准关键词流量的方式实现商品推广。精准关键词的搜索人气有限，可以通过提高关键词出价的方式最大化地获取关键词流量，由于行业热词、短词的竞争相对激烈，因此想要获得较好的排名，关键词的出价也会相对较高。但为了保证推广效果，仍要获得部分行业热门关键词的流量。

任务操作

设置关键词出价

1.关键词排名靠后很难为商品带来流量。当修改关键词出价时，可以看到关键词的预估排名变化。因此，在出价时，要保证关键词的预估排名在一定的范围之内。例如，排名在前三页时，推广效果较好。

2.新品或滞销品的市场竞争力较弱，在出价时可以适当提高精准关键词的出价，最大化地获取关键词流量，另外，还需适当地提高核心词、品牌词、属性词等热门短词的出价，保证推广效果，但不一定要始终保持在非常靠前的位置，因为在相同的质量分下，排名越靠前，出价越高，最终单次点击花费也就越高。在关键词出价时，可以根据关键词的出价、质量分，大体估算关键词的单次点击花费。例如，假设下一名的关键词质量分与你的关键词质量分相同，下一名关键词的出价为你的出价减去0.01元；或假设下一名的关键词出价与你的关键词出价相同，下一名的质量分为你的关键词质量分减去0.1分。请把关键词出价和其他相关信息填入表9-4-14。

表9-4-14　关键词质量分表

关键词	出价	质量分	排名	预估点击花费

当某个关键词的预估点击花费高出其他关键词的预估点击花费较多时，可以在能够带来流量的关键词排名范围之内，适当地降低关键词的出价。

任务操作1：在关键词添加时，可以对关键词批量调整出价，批量调整出价的方式主要有三种：默认出价、自定义出价、按市场平均价的百分比出价。如图9-4-27所示。

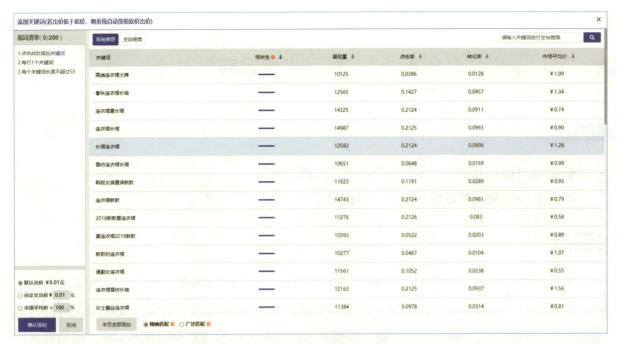

图9-4-27 批量调整出价

任务操作2：逐一调整关键词的出价。如图9-4-28所示。

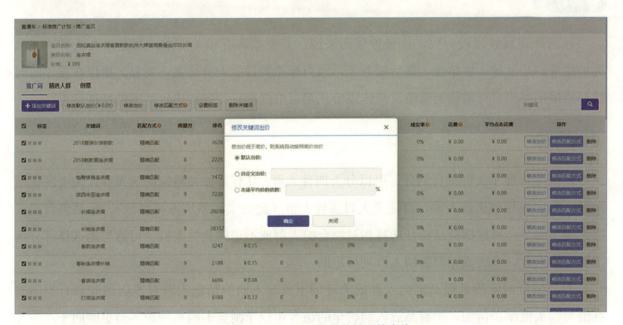

图9-4-28 逐一调整关键词的出价

任务思考

1. 若对不同精选人群设置溢价比例，最终的关键词出价是多少？

2. 新品或滞销品在与爆款商品竞争同关键词时，为什么会出现竞争力不足的现象？

任务4-11　标品人群定向与溢价

任务目标

◆ 能够对标品类目直通车推广商品制定人群定向策略。

◆ 能够为定向人群设置合理的溢价比例。

任务背景

在前期的操作中，小雅对推广商品"ROMOSS/罗马仕2000毫安大容量充电宝便携正品移动电源"与"超薄小巧便携苹果专用移动电源无线迷10000毫安大容量"完成了关键词的添加与出价、创意优化等设置。为了进一步提高推广效果，小雅决定利用直通车推广的精选人群溢价功能，对部分优质人群提高关键词出价，提高推广的点击与转化效果。

任务分析

标品外观属性比较一致，从某种层面来说，只要顾客有相关需求，都是潜在人群。买家更加注重的是品牌、客单价、售后服务等。因为标品类目的人群标签不明显，所以在操作的时候都是采用高出价低溢价的策略。具体溢价比例可根据推广关键词出价、人群特征设置。

任务操作

对淘宝直通车人群进行划分，可以分为四种人群：具有某种兴趣偏向的人群、淘宝网优选人群、本店或相似店铺人群、自定义人口属性人群（此处实训系统不再展示）。标品类目的人群兴趣不明显，可根据商品特征选择相对吻合的人群或不定向此类人群。可适当地选择部分淘宝网优质人群、本店或相似店铺人群进行定向。

人群溢价的实质是提高定向人群的关键词出价。不同的精选人群对本店的商品有不同的点击与购买概率，例如，把商品放入购物车的访客相较于浏览未购买的访客会更倾向于点击与购买店铺内的产品，但浏览未购买的访客人数往往会高于商品放入购物车的访客。因此人群溢价比例的设置可以参考人群特征、潜在买家数量、关键词出价、建议溢价设定。

任务操作1：点击"精选人群"，进入精选人群管理页面，点击"编辑人群"，编辑"淘宝首页潜力人群"，输入溢价比例，点击"确定"，如图9-4-29所示。

图9-4-29 编辑"淘宝首页潜力人群"

任务操作2：点击"精选人群"，进入精选人群管理页面，点击"编辑人群"，编辑"淘宝优质人群"，输入溢价比例，点击"确定"，如图9-4-30所示。

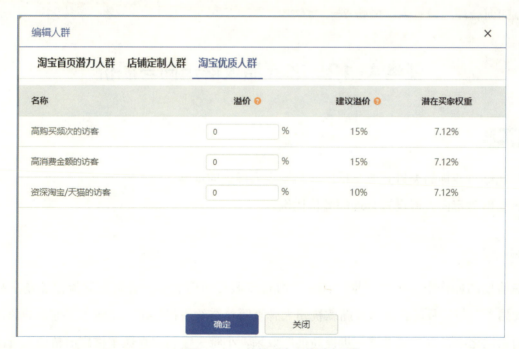

图9-4-30 编辑"淘宝优质人群"

任务操作3：点击精选人群，进入精选人群管理页面，点击"编辑人群"，编辑"店铺定制人群"，输入溢价比例，点击"确定"，如图9-4-31所示。

图9-4-31　编辑"店铺定制人群"

任务思考

1. 设置人群溢价应考虑哪些因素？

2. 如何合理地设置人群溢价？

任务4-12　非标品人群定向与溢价

任务目标

◆ 能够对非标品类目直通车推广商品制定人群定向策略。

◆ 能够为定向人群设置合理的溢价比例。

任务背景

在前期的操作中，小雅对推广商品"海边度假雪纺连衣裙女装新款潮流裙子夏季高腰法式淑女裙子"与"百驼真丝春夏新款杭州大牌直筒桑蚕丝印花长裙"完成了关键词的添加与出价、创意优化等设置，为了进一步提高推广效果，小雅决定利用直通车推广的精选人群溢价功能，对部分优质人群提高关键词出价，提高推广的点击与转化效果。

任务分析

非标品具有自己的一类风格，同一类风格的商品对应的人群也有其共性特征，推广的时

238

候就需要优先把商品展现在这类人群面前，点击率与转化率也就相对较高，对这类人群出比较高的溢价更有价值。具体溢价比例可根据推广关键词出价、人群特征设置。

任务操作

对淘宝直通车人群进行划分，可以分为四种人群：具有某种兴趣偏向的人群、淘宝网优质人群、本店或相似店铺人群、自定义人口属性人群（此处实训系统不再展示）。非标品类目的人群兴趣明显，可根据商品特征选择符合商品特征的目标人群，还可适当地选择部分淘宝网优质人群、本店或相似店铺人群进行定向。

人群溢价的实质是提高定向人群的关键词出价。不同的精选人群对本店的商品有不同的点击与购买的概率，例如，把商品放入购物车的访客相较于浏览未购买的访客会更倾向于点击与购买店铺内的产品，但浏览未购买的访客人数往往会高于商品放入购物车的访客。因此人群溢价比例的设置可以参考人群特征、潜在买家数量、关键词出价、建议溢价设定。

任务操作1：点击"精选人群"，进入精选人群管理页面，点击"编辑人群"，编辑"淘宝首页潜力人群"，输入溢价比例，点击"确定"。如图9-4-32所示。

名称	溢价		建议溢价	潜在买家权重
花粉	0	%	20%	8.13%
米粉	0	%	20%	8.13%
商务范	0	%	15%	6.10%
时尚达人	0	%	15%	6.10%
实用派	0	%	10%	4.07%
休闲达人	0	%	15%	6.10%

图9-4-32 编辑"淘宝首页潜力人群"

任务操作2：点击"精选人群"，进入精选人群管理页面，点击"编辑人群"，编辑"淘宝优质人群"，输入溢价比例，点击"确定"。如图9-4-33所示。

图9-4-33　编辑"淘宝优质人群"

　　任务操作3：点击"精选人群"，进入精选人群管理页面，点击"编辑人群"，编辑"店铺定制人群"，输入溢价比例，点击"确定"。如图9-4-34所示。

图9-4-34　编辑"店铺定制人群"

任务思考

　　1. 设置人群溢价应考虑哪些因素？

　　2. 非标品与标品的人群溢价设置有何不同点？

｜信息流推广｜

▲工作任务五　信息流人群定向与出价

任务5-1　应用下载人群定向与出价

任务目标

◆ 能够通过对 App 的扫描进行分析，精准圈定目标人群。

◆ 能够制定应用下载目标人群的定向与出价策略。

◆ 能够根据应用下载目标人群的定向与出价策略完成精准出价。

任务背景

　　男人的衣柜App是海澜之家的手机端网上商城。App 定位平价优质市场，货品款式多、品种全。为增加 App 的注册用户数量，打响品牌知名度，进一步提升产品销量，公司总部决定在巨量引擎投放平台开展"国庆节期间，注册男人的衣柜 App，即可成为海澜之家VIP会员，享受全场98折的购物优惠"的推广活动。

　　小瑜是海澜之家网店的今日头条推广负责人，为了能够提高App的下载注册量，更好地推进国庆推广活动的实施，需要根据推广目标完成应用下载目标人群的精准定向与出价。

任务分析

　　根据产品定位，海澜之家的目标消费群体是20～45岁的男性。通过对产品App的描述进行分析可以得知，目标用户普遍更加关注文化娱乐、服饰箱包、生活服务等。同时不同年龄段的人群，收入水平、婚姻状况、兴趣点差异也比较明显。因此对目标人群人口属性和个人兴趣爱好的分析是进行人群精准定向与出价的主要依据。

任务操作

　　1.请根据任务背景和产品信息，通过分析人口属性和兴趣点，拆解目标人群，拓展人群标签，完成 App 目标人群画像的分析，并填写到表9-5-1中。人群画像的数量，可以根据自己的分析需求，进行添加。

表9-5-1 "男人的衣柜"App人群画像

人口属性	性别： 地域： 年龄：
个人兴趣	兴趣分类：
	兴趣关键词：
其他	（App行为定向、手机品牌、网络、运营商等）

2. 请根据任务操作1分析的人群画像，在实训系统中完成不同人群画像的定向操作，如图9-5-1所示。不同的人群画像可以通过建立不同的广告计划来完成人群定向。

图9-5-1 应用下载人群定向界面

3. 请根据任务操作2制定的人群定向策略，完成广告的预算设置与出价，如图9-5-2所示。在选择投放目标时，应该紧紧围绕任务背景的要求进行选择。比如，本次任务是实现应用的下载激活，则投放目标应该选择"转化"。

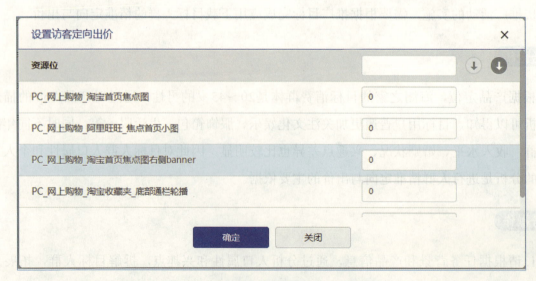

图9-5-2 应用下载预算设置与出价界面

任务思考

1. 在进行应用下载推广时，选择精准的人群标签需要考虑哪些因素？
2. 不同的广告计划之间应该如何分配广告预算？

任务5-2 文章推广人群定向与出价

任务目标

◆ 能够通过对文章的描述进行分析，掌握人群画像分析的方法。
◆ 能够制定文章推广的人群定向与出价策略。
◆ 能够根据文章推广的人群定向与出价策略完成精准出价。

任务背景

　　春装上新之际，海澜之家推出了新品牛仔裤、衬衫和型男夹克。为了快速地把新品推向市场，增加产品销量，海澜之家推广部门决定采用信息流推广的方式通过今日头条推送新品软文《春天的感觉真好！海澜之家春季新品第三波来啦》。

　　小瑜是海澜之家网店的今日头条推广负责人，负责此次信息流推广任务，需要制定合理的文章推广的人群定向与出价策略，提高该文章的点击量，达到精准引流、增加销量的目的。

任务分析

　　根据文章的描述，此次春季上新的牛仔裤、衬衫、夹克主要针对的是年轻人群体。文章主要定位的类目为文化、生活、家居等。文章中能够提炼出很多与产品相关的关键词以及目标用户人群兴趣关键词，因此，在确定此次软文推广人群定向和出价策略时，应该对文章内的相关关键词进行深入挖掘，从而扩展更多的人群标签，实现推广效果的最大化。

任务操作

1. 请从文章中尽可能多地提炼出人群标签，填入下方的表9-5-2中。

表9-5-2　文章关键词分析

文章名	《春天的感觉真好！海澜之家春季新品第三波来啦》
关键词	

2.请根据任务背景和文章信息，通过分析人口属性和兴趣点，拆解目标人群，拓展人群标签，完成文章目标人群画像的分析，并填入下方的表9-5-3中。对于人群画像的数量，可以根据自己的分析需求进行添加。

表9-5-3　文章目标人群画像

《春天的感觉真好！海澜之家春季新品第三波来啦》	
人口属性	性别： 地域： 年龄：
个人兴趣	兴趣分类：
	兴趣关键词：
其他	（App行为定向、手机品牌、网络、运营商等）

3.请根据任务操作2分析的人群画像，在实训系统中，完成不同人群画像的定向操作，如图9-5-3所示。不同的人群画像可以通过建立不同的广告计划来完成人群定向。

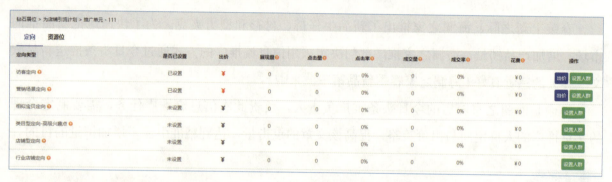

图9-5-3　文章推广人群画像定向界面

4.请根据任务操作3制定的人群定向策略，完成广告的预算设置与出价。在选择投放目标和投放时间时，应该紧紧围绕任务背景的要求进行选择，如图9-5-4所示。比如，本次任务是提高文章阅读量，则投放目标应该选择"点击"。

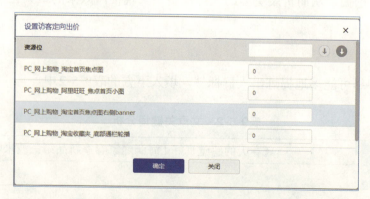

图9-5-4　文章推广广告预算设置与出价界面

任务思考

1. 在进行文章推广时，选择人群标签需要考虑哪些因素？

2. 文章推广出价设置应该主要考虑哪几个方面？

3. 文章推广和应用下载在人群定向上有哪些区别？

任务5-3　落地页推广人群定向与出价

任务目标

◆ 能够通过对产品的描述，掌握人群画像分析的方法。

◆ 能够制定落地页推广的人群定向与出价策略。

◆ 能够根据落地页推广的人群定向与出价策略完成精准出价。

任务背景

为了进一步扩大品牌知名度和产品影响力，增加产品的曝光量，针对本次信息流推广，海澜之家对产品介绍落地页进行了重点设计。小瑜是海澜之家网店的今日头条推广负责人，她近期的主推商品是"HLA/海澜之家时尚都市直筒牛仔裤舒适牛仔裤男"，请结合产品特性和本次推广活动的策略方针，制定合理的人群定向和出价策略，完成本次任务。

任务分析

通过对"HLA/海澜之家时尚都市直筒牛仔裤舒适牛仔裤男"的产品属性进行分析得知，该产品主要面向的消费群体为中高端时尚都市青年，产品售价168元，同时在线上线下均有销售，所以具有"商场同款、线下消费偏好"的消费群体也应该是网店所考虑的目标定向人群。

任务操作

1. 请从产品属性和公司背景中尽可能多地提炼出人群标签，填入下方的表3-5-4中。

表9-5-4　产品关键词分析

产品名称	HLA/海澜之家时尚都市直筒牛仔裤舒适牛仔裤男
关键词	

2. 请根据任务背景和产品信息，通过分析人口属性和兴趣点，拆解目标人群，拓展人群

标签，完成落地页目标人群画像的分析，填入表9-5-5中。对于人群画像的数量，可以根据自己的分析需求进行添加。

表9-5-5　落地页目标人群画像

HLA/海澜之家时尚都市直筒牛仔裤舒适牛仔裤男	
人口属性	性别： 地域： 年龄：
个人兴趣	兴趣分类：
	兴趣关键词：
其他	（App 行为定向、手机品牌、网络、运营商等）

3. 请根据任务操作2分析的人群画像，在实训系统中完成不同人群画像的定向操作，如图9-5-5所示。不同的人群画像可以通过建立不同的广告计划来完成人群定向。

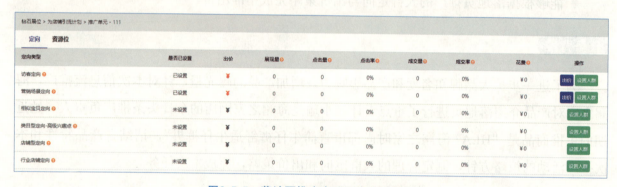

图9-5-5　落地页推广人群画像定向界面

4. 请根据任务操作3制定的人群定向策略，完成广告的预算设置与出价，如图9-5-6所示。在选择投放目标时，应该紧紧围绕任务背景的要求进行选择。比如，本次任务是提高产品曝光量，则投放目标应该选择"点击"或"展现"。

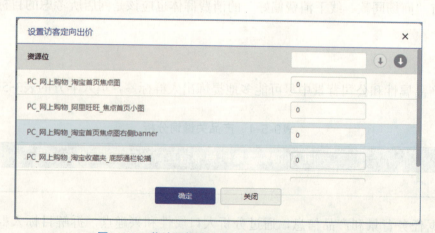

图9-5-6　落地页推广广告预算设置与出价界面

246

任务思考

1. 在进行落地页推广时，选择人群标签需要考虑哪些因素？

2. 落地页推广出价设置应该主要考虑哪几个方面？

任务5-4 店铺推广人群定向与出价

任务目标

◆ 能够通过对店铺的描述，掌握人群画像分析的方法。

◆ 能够制定店铺推广的人群定向与出价策略。

◆ 能够根据店铺推广的人群定向与出价策略完成精准出价。

任务背景

国庆节来临之际，海澜之家策划了"国庆大酬宾，全场9折！"的促销活动，线上线下同步开售，消费者既可以选择线上下单、门店自提，也可以直接到线下门店选购心仪的商品。

江桥万达广场店作为海澜之家在上海地区的主力门店，为了能够充分扩大本次促销活动在上海地区的曝光度，推广部门决定通过信息流推广的方式进一步增加客流量的引入。

小瑜是海澜之家的今日头条推广负责人，需要根据任务目标，完成海澜之家（江桥万达广场店）的店铺推广引流工作。

任务分析

本次采用信息流推广的方式对店铺进行推广是线上与线下的结合，与传统推广最大的不同是地域定向的精细划分。可以通过分析上海地区不同区县、不同商圈等地域特性，拓展人群标签，完成目标消费人群的精准定向。本次任务主要是达到短期内快速提高促销活动曝光率的目的，因此投放方式应该选择加速投放，同时尽量提高展示出价。

任务操作

1. 请从店铺介绍和公司背景中尽可能多地提炼出人群标签，填入下方的表9-5-6中，关键词应该尽量以区县、商圈等地域类的关键词为主。

表9-5-6 店铺关键词分析

店铺名称	海澜之家（江桥万达广场店）
关键词	

2. 请根据任务背景和店铺信息，通过分析人口属性和兴趣点，拆解目标人群，拓展人群标签，完成店铺推广目标人群画像的分析，填入下方的表9-5-7中。对于人群画像的数量，可以根据自己的分析需求进行添加。

表9-5-7 店铺推广目标人群画像

海澜之家（江桥万达广场店）	
人口属性	性别： 地域： 年龄：
个人兴趣	兴趣分类：
	兴趣关键词：
其他	（App行为定向，手机品牌，网络，运营商等）

3. 请根据任务操作2分析的人群画像，在实训系统中，完成不同人群画像的定向操作。不同的人群画像可以通过建立不同的广告计划来完成人群定向。

（1）根据任务操作1和任务操作2对地域标签的重点分析，完成地域定向。如图9-5-7所示。

图9-5-7 店铺推广地域定向界面

（2）请在实训系统上完成其他人群定向操作。如图9-5-8所示。

定向 资源位									
定向类型	是否已设置	出价	展现量	点击量	点击率	成交量	成交率	花费	操作
访客定向	已设置	¥	0	0	0%	0	0%	¥0	出价 设置人群
营销场景定向	已设置	¥	0	0	0%	0	0%	¥0	出价 设置人群
相似宝贝定向	未设置	¥	0	0	0%	0	0%	¥0	设置人群
类目型定向-高级兴趣点	未设置	¥	0	0	0%	0	0%	¥0	设置人群
店铺型定向	未设置	¥	0	0	0%	0	0%	¥0	设置人群
行业店铺定向	未设置	¥	0	0	0%	0	0%	¥0	设置人群

图9-5-8 店铺推广计划人群定向

4.请根据任务操作3制定的人群定向策略，完成广告的预算设置与出价，如图9-5-9所示。在选择投放目标和投放时间时，应该紧紧围绕任务背景的要求进行选择。比如，本次任务是提高门店促销活动的曝光量，而国庆节即将来临，因此应该优先选择加速投放。如果选择设定日预算，则应该尽量提高日预算的出价，防止预算消耗完毕，广告计划提前下线。

图9-5-9 广告预算设置与出价界面

任务思考

1.在进行店铺推广时，选择人群标签需要考虑哪些因素？

2.设置店铺推广出价应该主要考虑哪几个方面？

工作任务六 信息流创意编辑

任务6-1 应用下载创意编辑

任务目标

◆ 能根据应用下载的特点制定合理的创意编辑策略。

◆ 能结合人群画像进行创意的编辑。

◆ 能够结合产品特性完成不同创意类型的编辑。

任务背景

应用下载人群定向与出价完成后，就要进行创意的编辑工作。美工组已经根据商品的特性以及不同创意资源位的要求制定了不同创意类型的素材，包括大图横图、横版视频、竖版视频、组图、小图、大图竖图等，不同的创意资源类型代表着不同的资源位。

小瑜是海澜之家网店的今日头条推广负责人，需要根据任务目标，锁定产品的卖点。明确使用场景，体现出产品的优势，并巧妙地加入创意中去。为不同的创意类型编辑不同的文字创意，并选择对应的创意展现方式。

任务分析

创意标题的编辑应该紧紧围绕目标人群的潜在需求展开，从 App 描述中提炼出核心词，从目标人群定向中提炼兴趣关键词，突出"男人的衣柜"App 的特色，比如"款式多、品种全的货品""无干扰、自选式购衣""免费成为海澜之家官方会员，享受全场98折"都是编写新创意时可以参考的点。

同时，我们也可以查看系统推荐标题，模仿系统推荐标题来制作新的创意，从而撰写出更有针对性的创意。

任务操作

1. 创意编辑。

信息流创意制作第一个要考虑的因素应该是倾向于原生广告，这样既能向目标人群传递营销目标，也不破坏用户的信息流阅读体验。第二个要考虑的因素是如何吸引目标人群，提高创意点击率。请结合任务一中得到的人群画像和实训系统中的系统推荐标题，给表9-6-1中不同的创意类型分别撰写合适的创意标题。每个创意的字符总数不能多于30个汉字。

表9-6-1 创意编辑

创意类型	创意
大图横图	
横版视频	
竖版视频	
组图	
小图	
大图竖图	

把撰写好的创意标题填到实训系统中，并填写创意来源。创意添加页面如图9-6-1所示。

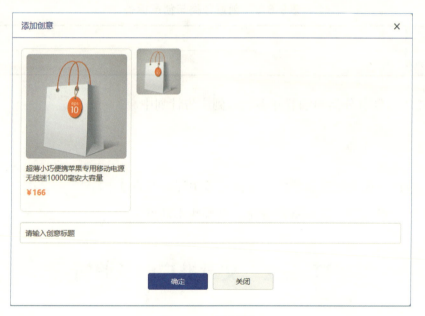

图9-6-1 创意添加

2. 展现方式。

在优选模式下，创意效果越好，展现量越高；而轮播模式下，每条创意平分展现量。如果任务目标更侧重总体展现量，则应该选择优选模式；如果想让创意覆盖不同的人群，同时比较不同创意的投放效果，可以考虑轮播模式。

在广告创意添加页面，点击"显示高级选项"，选择相应的创意展现方式即可。如图9-6-2所示。

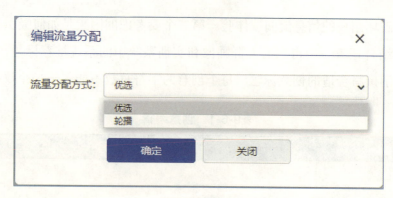

图9-6-2　创意展现方式设置

3. 创意分类与标签。

根据推广的应用，尽可能选择与创意素材最相关的行业分类，以及能全面准确描述应用、创意素材或人群定向的标签。请根据实训系统提示的创意分类列表，结合任务一分析得出的人群画像，为该创意添加创意分类和创意标签，并填入表9-6-2中。

表9-6-2　创意分类与创意标签

创意分类	
创意标签	

把表9-6-2中的创意分类和创意标签填写到广告计划中。

任务思考

1. 在进行应用下载的创意编辑时，应该着重关注哪几点？
2. 对于不同创意类型，在编写创意时，有哪些不同点？

任务6-2　文章推广创意编辑

任务目标

◆ 能根据文章推广的特点制定合理的创意编辑策略。
◆ 能结合人群画像进行创意的编辑。
◆ 能够结合产品特性完成不同创意类型的编辑。

任务背景

为了让文章推广的效果达到最优，现在要进行文章推广创意的编辑。美工组已经根据文章推广中所需要的创意资源类型制作了各类不同类型的创意素材，包括不同类型的视频、图片以及不同尺寸的组图等。

小瑜是海澜之家网店的今日头条推广负责人，需要根据任务目标，对不同的资源位对应的展现量及目标人群进行分析和评估，为不同的创意类型编辑不同的文字创意，并选择对应的创意展现方式。

任务分析

创意标题的编辑应该紧紧围绕目标人群的潜在需求展开，从文章描述中提炼出核心词，从目标人群定向中提炼兴趣关键词，突出文章的主旨，比如"海澜之家""春季新品""轻生活悦时尚"都是编写新创意时可以参考的点。

同时，也可以查看系统推荐标题，模仿系统推荐标题来制作新的创意，从而撰写出更有针对性的创意。

任务操作

1. 创意编辑。

信息流创意制作第一个要考虑的因素应该是倾向于原生广告，这样既能向目标人群传递营销目标，也不破坏用户的信息流阅读体验。第二个要考虑的因素是如何吸引目标人群，提高创意点击率。请结合今日头条推广实训系统中的系统推荐标题，给表9-6-3中不同的创意类型分别撰写合适的创意标题。创意的字符总数不能多于30个汉字。

表9-6-3　创意编辑

创意类型	创意
大图横图	
横版视频	
竖版视频	
组图	
小图	
大图竖图	

把撰写好的创意标题填写到实训系统中，并填写创意来源。如图3-6-3所示。

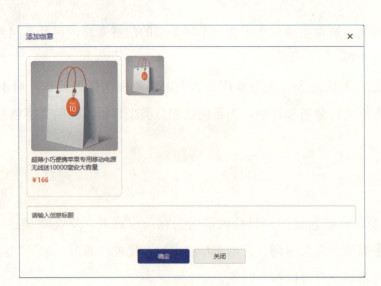

图9-6-3　创意添加

2.展现方式。

在优选模式下,创意效果越好,展现量越高;而轮播模式下,每条创意平分展现量。如果任务目标更侧重总体展现量,则应该选择优选模式;如果想让创意覆盖不同的人群,同时比较不同创意的投放效果,可以考虑轮播模式。

在广告创意添加页面,点击"显示高级选项",选择相应的创意展现方式即可。如图9-6-4所示。

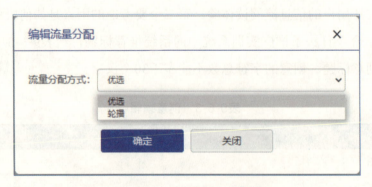

图9-6-4　创意展现方式设置

3.创意分类与标签。

根据推广的文章,尽可能选择与创意素材最相关的行业分类,以及能全面准确描述文章、创意素材或人群定向的标签。请根据实训系统提示的创意分类列表,为该创意添加创意分类和创意标签,并填入下方的表9-6-4中。

表9-6-4　创意分类与创意标签

创意分类	
创意标签	

把表格中的创意分类和创意标签填写到广告计划中。

任务思考

1. 在进行文章推广的创意编辑时，应该着重关注哪几点？
2. 如何使用通配符使创意更加个性化？

任务6-3 落地页推广创意编辑

任务目标

◆ 能根据落地页推广的特点制定合理的创意编辑策略。
◆ 能结合人群画像进行创意的编辑。
◆ 能够完成不同创意类型的编辑。

任务背景

美工组已经根据不同的资源位制作了类型、尺寸各不相同的"落地页推广"创意素材，包括大图横图、横版视频、竖版视频、组图、小图、大图竖图等。

小瑜是海澜之家网店的今日头条推广负责人，需要根据任务目标，结合产品特性，编辑能激发用户兴趣的、不同类型的文字创意，并对不同的创意类型选择对应的展现方式。

任务分析

创意标题的编辑应该紧紧围绕目标人群的潜在需求展开，从产品描述和产品属性中提炼出核心词，从目标人群定向中提炼兴趣关键词，突出产品的卖点，比如"简洁腰部，质感纽扣，弧形口袋""仅售168元"都是编写新创意时可以参考的点。

同时，也可以查看系统推荐标题，模仿系统推荐标题来制作新的创意，从而撰写出更有针对性的创意。

任务操作

1. 创意编辑。

信息流创意制作第一个要考虑的因素应该是倾向于原生广告，这样既能向目标人群传递营销目标，同时也不破坏用户的信息流阅读体验。第二个要考虑的因素是如何吸引目标人群，提高创意点击率。请结合任务一中得到的人群画像和实训系统中的系统推荐标题，给表9-6-5

中不同的创意类型分别撰写合适的创意。创意的字符总数不能多于30个汉字。

表9-6-5 创意编辑

创意类型	创意
大图横图	
横版视频	
竖版视频	
组图	
小图	
大图竖图	

把撰写好的创意标题填写到实训系统中，并填写创意来源。如图9-6-5所示。

图9-6-5 创意添加

2.展现方式。

在优选模式下，创意效果越好，展现量越高；而轮播模式下，每条创意平分展现量。如果任务目标更侧重总体展现量，则应该选择优选模式；如果想让创意覆盖不同的人群，同时比较不同创意的投放效果，可以考虑轮播模式。

在广告创意添加页面，点击"显示高级选项"，选择相应的创意展现方式即可。如图9-6-6所示。

图9-6-6 创意展现方式设置

3. 创意分类与标签。

根据推广的产品，选择尽可能与创意素材最相关的行业分类，以及能全面准确描述产品、创意素材或人群定向的标签。请根据实训系统提示的创意分类列表，为该创意添加创意分类和创意标签，并填入表9-6-6中。

表9-6-6 创意分类与创意标签

创意分类	
创意标签	

把表9-6-6中的创意分类和创意标签填写到广告计划中。

任务思考

1. 在进行落地页推广的创意编辑时，应该着重关注哪几点？
2. 应用下载、文章推广、落地页推广的创意编辑有什么相似点和不同点？

任务6-4 店铺推广创意编辑

任务目标

◆ 能根据店铺推广的特点制定合理的创意编辑策略。

◆ 能结合人群画像进行创意的编辑。

◆ 能够完成不同创意类型的编辑。

任务背景

现在要根据创意资源类型进行店铺推广创意的编辑工作，美工的同事已经制作了和"店铺推广"相关的不同的创意素材,创意类型有大图横图、横版视频、竖版视频、组图、小图、大图竖图等。每个创意类型代表分别代表不同的资源位。

小瑜是海澜之家网店的今日头条推广负责人,需要根据不同的资源位选择对应的资源类型,并编辑最佳的创意内容,以达到最好的引流推广效果。

任务分析

门店的推广是线上与线下结合的场景。创意标题的编辑应该紧紧围绕目标人群的潜在需求展开,从店铺描述和促销活动目标中提炼出核心词,从目标人群定向中提炼兴趣关键词,强调促销活动的吸引力,比如"国庆大酬宾,全场9折!"都是编写新创意时参考的点。

同时,也可以查看系统推荐标题,模仿系统推荐标题来制作新的创意,从而撰写出更有针对性的创意。

任务操作

1. 创意编辑。

信息流创意制作第一个要考虑的因素是倾向于原生广告,这样既能向目标人群传达营销目标,也不破坏用户的信息流阅读体验。第二个要考虑的因素是如何吸引目标人群,提高创意点击率。请结合实训系统中的系统推荐标题,给表9-6-7中不同的创意类型分别撰写合适的创意标题。创意的字符总数不能多于30个汉字。

表9-6-7 创意编辑

创意类型	创意
大图横图	
横版视频	
竖版视频	
组图	
小图	
大图竖图	

把撰写好的创意标题填写到实训系统中,并填写创意来源。如图9-6-7所示。

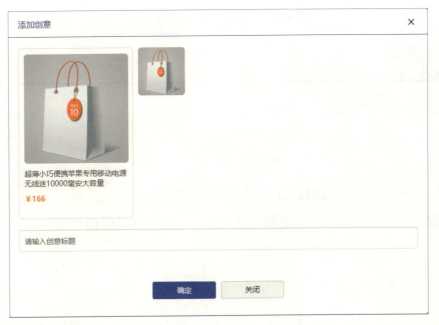

图9-6-7　创意添加

2. 展现方式。

在优选模式下，创意效果越好，展现量越高；而轮播模式下，每条创意平分展现量。如果任务目标更侧重总体展现量，则应该选择优选模式；如果想让创意覆盖不同的人群，同时比较不同创意的投放效果，可以考虑轮播模式。

在广告创意添加页面，点击"显示高级选项"，选择相应的创意展现方式即可。如图9-6-8所示。

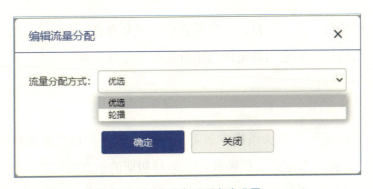

图9-6-8　创意展现方式设置

3. 创意分类与标签。

根据推广的店铺信息，选择尽可能与创意素材最相关的行业分类，以及能全面准确描述店铺、创意素材或人群定向的标签。请根据实训系统提示的创意分类列表，为该创意添加创意分类和创意标签，并填入表9-6-8中。

表9-6-8　创意分类与创意标签

创意分类	
创意标签	

把表格中的创意分类和创意标签填写到广告计划中。

任务思考

1. 在进行门店推广的创意编辑时，应该着重关注哪几点？

2. 门店推广的创意编辑和应用下载、文章推广、应用下载的创意编辑，最明显的区别是什么？

工作任务七　信息流账户优化

任务7-1　人群定向与出价数据分析与优化

任务目标

◆ 能够通过数据分析，总结信息流账户的表现情况和存在问题。

◆ 能够通过数据分析，制定人群定向与出价优化策略并实施。

任务背景

小瑜是海澜之家网店的今日头条推广负责人，通过前期的信息流推广，小瑜分别完成了应用下载、文章推广、落地页推广、店铺推广。但是初期的信息流推广表现并没有达到预期的效果。小瑜需要根据前期账户的数据反馈，优化人群定向和出价，从而提高信息流推广账户整体的表现。

任务分析

通过数据分析来优化信息流推广账户，需要先收集整理前期的推广数据，通过数据之间的联系发现推广的问题，从而调整账户内的细节操作，制定账户优化策略。比如定向过窄，会导致账户整体展现量过低；不同的广告计划之间，定向相似度过高，导致相互竞争；人群画像不精准，导致信息流账户整体的点击率和转化率偏低。

任务操作

1.登录实训系统，收集整理推广数据，把账户的表现数据总结到下方的表9-7-1中。

（1）请统计广告组的推广数据。

表9-7-1 广告组的推广数据

广告组	推广目的	预算	总花费	展示数	点击数	转化数

（2）请统计广告计划的推广数据，并填入表9-7-2中。

表9-7-2 广告计划的推广数据

广告计划	广告组	投放时间	出价	预算	总花费	展现数	点击数	转化数

2.请通过表9-7-1、表9-7-2的账户推广数据，分析总结每个广告计划的表现情况，并从人口属性定向、个人兴趣定向提出人群定向与出价优化建议和措施，并填入到表9-7-3中。

表9-7-3 出价优化建议和措施

广告计划名称：		
广告计划数据分析总结		
定向分类	可能存在问题	优化措施
人口属性定向（性别、年龄、地域等）		
个人兴趣定向（兴趣分类、兴趣关键词等）		
其他定向 （App行为定向、手机品牌、网络、运营商等）		
预算与出价		
投放方式		

3.请根据任务操作2的分析，为广告计划制定新的人群定向与出价策略，并填入到表9-7-4中。

表9-7-4　人群定向与出价策略

广告计划名称：		
人口属性	性别：	
	地域：	
	年龄：	
个人兴趣	兴趣分类：	
	兴趣关键词：	
其他	（App 行为定向、手机品牌、网络、运营商等）	
预算与出价	预算：	
	投放时间：	
	投放目标：	
	投放方式：	

4.请把根据任务操作3制定的人群定向与出价优化策略，在实训系统中实施。

任务思考

1.在进行人群定向与出价数据分析时，应考虑哪些数据指标？

2.如何把数据分析结果转化为优化策略？

任务7-2　信息流创意数据分析与优化

任务目标

◆ 能够通过数据分析，总结信息流账户的表现情况和存在问题。

◆ 能够通过数据分析，制定创意优化策略并实施。

任务背景

小瑜是海澜之家网店的今日头条推广负责人，通过前期的信息流推广，小瑜分别完成了应用下载、文章推广、落地页推广、店铺推广。但是初期的信息流推广表现并没有达到预期的效果。

小瑜根据前期账户的数据反馈，已经完成了人群定向和出价的优化，需要进一步完成创意的数据分析与优化，从而提高信息流推广账户整体的表现。

任务分析

创意标题的质量影响账户整体的点击率和转化率，当展现量一定的时候，如果创意标题质量不高，点击率过低，则账户的整体点击量就会受到影响。想要提高创意标题质量，应该从创意吸引力、创意产品相关性、创意与人群定向的匹配程度、创意表现形式等方面进行考虑。

任务操作

1.登录实训系统，收集整理推广数据，把广告计划的表现数据计算后，填入表9-7-5中。（点击率＝点击数1展现数 ×100%，转化率＝转化数1点击数 ×100%）

表9-7-5 广告计划的推广数据

广告计划	广告组	投放时间	出价	预算	总花费	展现数	点击率	转化率

2.请通过账户数据表现，从下列角度分析创意可能存在的问题，把发现的问题填入表3-7-6中。比如，在进行文章推广时，文章内容介绍的是面向年轻人的"牛仔裤""夹克"等产品，主打"青春时尚活力"，在撰写创意标题时，使用了"成熟""型男"等关键词。

表9-7-6 创意问题分析统计

创意质量影响因素	可能存在问题
创意吸引力	
创意和产品相关性	
创意与定向人群的匹配程度	
创意的表现形式	

3.请根据任务操作2提出的问题，重新对创意和创意标签进行优化，把优化后的创意类型和创意标题填入下方的表9-7-7中。

表9-7-7　创意优化

广告计划名称：		
创意类型	创意标题	
	优化前：	
	优化后：	
	优化前：	
	优化后：	
	优化前：	
	优化后：	
创意分类		
创意标签		

4.请把优化后的创意标题与创意标签，在实训系统中实施。

任务思考

1.创意优化应该从哪几个方面来进行考虑？

2.影响创意标题质量的因素主要有哪些？

工作领域十　业务处理

工作任务一　采购管理

任务1-1　制定补货计划

任务目标

◆ 采购管理，主要是针对补货，即将标好价格的商品，依照商品各自既定的陈列位置，定时或不定时地将商品补充到货架上去的作业；可以是在非营业高峰时对货架商品进行补充，也可以是商品即将售完，就立即补货。不管哪种补货，都需要先制定补货计划。

任务背景

某淘宝网店进行了一段时间的经营，计划对店铺进行补货。

任务操作

步骤1：了解整体补货逻辑链路。如图10-1-1所示。

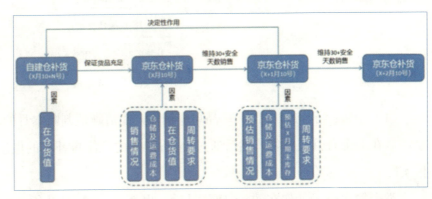

图10-1-1　整体补货逻辑链路

265

步骤2：了解补货原则。

商品补货的基本原则如下：

①商品缺货和营业高峰前、结束营业前必须进行补货；

②补货以补满货架、端架和促销区为原则；

③补货品项的先后次序：促销品项→主力品项→一般品项；

④当商品缺货但又无法找到库存时，必须首先通过对系统库存数据的查询进行确定，确定属于缺货时，将缺货标签放置在货架上；

⑤补货时必须检查商品的质量、外包装以及条形码是否完好；

⑥补货时必须检查价格标签是否正确。

在营业高峰前和结束营业前容易缺货，应及时发现商品缺货情况，并进行补货。补货以补满货架、端架或促销区为原则，尽量不堵塞通道，不妨碍顾客自由购物，补货时要注意保持卖场的清洁。

补货前，先对系统的库存数据进行确认，确定属于缺货时，将暂时缺货标签放置在货架上。补货品项依促销品项、主力品项、一般品项的重要等级依次补货上架。有保质期限的商品和食品必须遵循先进先出的原则。

补货时，注意检查商品的质量、外包装以及条形码是否完好，价格标签是否正确。按区域依类目的顺序进行补货。

补齐后，要及时对商品进行编辑上架。

步骤3：了解商品补货注意事项，计算补货天数。

基本补货逻辑就是围绕图10-1-2所示的4个要素进行的。

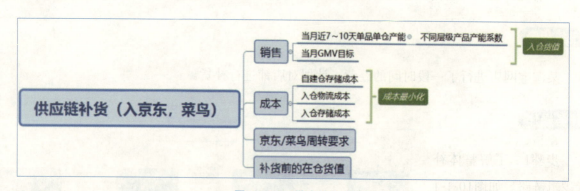

图10-1-2 供应链补货

（1）销售：当月近7～10天单品单仓销售，能清晰地判断本月的产品的OUT能力，有的商家经常在上个月月底补货，然后通过上月近7天的产能再补货的做法，其实不太切合本月的销售实际。

举个简单例子，你在"6·18"过后，也就是6月26号补货，采用6月19-25号的销售，其实和7月还是有很大差别的，这也是导致补货完发现周转偏高的原因之一。所以"要尽可能地贴合当前实际销售预测进行补货"。

（2）成本：自建仓储成本、物流成本、入仓仓储成本都需要考虑，货品不论是在自己家的仓库还是入京东/菜鸟仓，只要在库，就有成本产生，同时运输也是会产生费用的。这就决定了补货频次、每次补货的数量。

简单说：为了降低运费，一次补半年的货到京东仓可以吗？不可以，京东仓肯定是收费高于自建存储仓的。那多次补货可以吗？每次保证1周销售，一个月送4次？基本也是不切合实际的，因为每次运输都有成本，同时还有起送量的问题。所以平衡这三个成本相当重要。

（3）平台仓周转要求：这个不必多说，平台仓是需要给有销量的产品准备的，长期滞销品是会被清除出仓的，同时平台仓号会根据周转情况，收取不同费用，也会增加仓储成本。

（4）补货前的货值：补货前的在仓货值，这部分货值和即将补进去的货，共同组成你未来的弹药粮草。

除了以上4个要素外，还有一个重要因素就是补货天数，补货天数可以通过以下办法来计算：

（1）考虑平台周转要求：用京东举例，平台规定低于60天周转，可以将仓储打折扣，以60天为基础界限，周转天数超过60天就要多交仓储费用。

（2）考虑补货频率：从图1基础数据可以看出，假设某品类产品7天销售量并不大，所以考虑起送量问题，及节约物流成本，再综合考虑仓储费用，该品牌补货定为1个月1次，时间定为每个月10号进行补货（为获取当月数据），30天为一周期。

（3）考虑安全库存：再根据经验，从订单发出，到入京东仓上架需要7天，因为在考虑安全库存的同时，应该在下个月补货前，货品支持卖37天，这是最小值。再加上一些安全系数，比如偶尔的活动爆发等，再额外加7天，作为安全系数膨胀，因此，补货完，仓内货至少应该支撑45天的销售。因此库存周转应该在45～60天之间。60天是最理想状态。

这些基础参数定位好，就可以进行补货了。

步骤4：了解补货主要分类。

（1）定量补货：日常销售过程中对销售所产生的库存短缺针对性进行的补货，从而确保终端货品齐色齐码。正常销售补货是不定时发生的，所以是当发现单款库存量不足时就应进行补充。

（2）预备销售补货：针对即将来到的销售高峰期，提前进行补货，以保证销售高峰期内有充足的货源，用来支持高销售额。一般来说，销售高峰无外乎像五一、十一、双11以及农历新年等大型节假日。补货时间以在销售高峰期到来之前5～10天为宜（具体时间以由公司发货至店内时间为宜）。补货数量则应根据之前货品销售反映情况，再结合店铺以及公司可补库存以及销售目标而定，以能保证一个星期销售为宜。补货方法则需根据实销数据，提取畅销款信息，计算店铺日均销售量以及库存量（包括在途库存），核算到衰退点的销售时间从而得出，但必须遵循几个原则：根据实销数据进行周滚动预测分析原则、畅销款不断货原则、生命周期原理即备货截止到衰退点为止原则。

（3）定期补货：一般来说，每周六日是销售相对较好的时期，为保证在这两天内货品对顾客的吸引力，在周六日来临之前进行定期补货、定期上新货就成为最好的办法。定期补货也包含定期上新货的含义。根据新品的上市节奏，由总公司或者分公司发货至店内，以保证补货货品与新货品能在每周五前到达店内，在货品深度上保障周六、周日销售。

任务思考

查看店铺销售数据，了解店铺存货具体情况，说明补货前、补货中和补货后分别要注意哪些问题。

_____

_____

_____

_____

任务1-2　补货中采购价格和采购数量的管理

任务目标

◆ 在补货操作中，如何优化控制补货数量，找到合适的平衡点，使其保证销售的同时，又不造成过多的库存，并使得采购价格在合理的范围内，是补货操作的核心内容。

任务背景

某淘宝网店进行了一段时间的经营，计划对店铺进行补货。初步制定补货计划后，对补货数量进行优化，确定采购价格。

任务操作

步骤1：补货数量优化。

在补货操作中，重点是如何优化控制补货数量，找到合适的平衡点，使其保证销售的同时，又不造成过多的库存。

（1）货品数量的控制：商品订货量太大，会造成周转缓慢；订货量太小，则有可能出现缺货而无法使其销售最大化，造成不必要的销售损失。那么到底多少是合适的补货数量呢？通过运用补货数量计算公式可以给出一个大致合理的建议。

补货数量＝（订单间隔＋在途天数）×（日预测销量＋日安全库存）－可供库存

公式中的要素定义：

订单间隔：平均订单频率

在途天数：下单与货物到达之间的天数

日预测销量：预估的每日理想销量

日安全库存：为确保销售设定的库存数量

可供库存：当前库存可销售商品数量

在这个补货公式中，日预测销量与日安全库存是两个非常重要的影响因素，尽管能够根据过往的销售数据通过科学的计算公式给出合理的建议，但是两个因素会因为市场、气候、季节、事件以及促销等原因而改变，因此补货人员还需要具备敏锐的市场洞察力以及丰富的经验，同时与采购人员保持良好的沟通，在补货公式给出的建议订货量的基础上进行适当的调整来确定最佳的订单补货数量。

（2）及时处理库存过多的商品：对店内货品的库存数量要经常进行统计，发现有单品库存过多时，就应及时进行处理。展开适当的促销活动消化库存。所以要经常统计店内货品结构与库存情况，掌握销售时机。

（3）根据货品结构进行补货。如衣服类货品根据尺码比例进行补货，在大部分的情况下，S、M、L、XL、XXL 码都应有货，同时 M、L 码在补货时可适当多补几件。

步骤2：采购价格确定。

通常采购的基本要求是品质第一，服务第二，价格列为最后。因此，采购价格以能达到适当价格为最高要求。尽管价格是采购中一个非常重要的因素，应予以重视，但也不能因此过分重视，而忽略其他采购因素。在采购作业阶段，商家应当注意要使所需采购的物资，在适当的品质、数量、交货时间及其他有关条件下，付出合适的价格。因此，决定适当采购价格的目标，主要在于确保所购物资的成本，以期能树立有利的竞争地位，并在维持买卖双方利益的良好关系下，使供应继续不断。

商品采购价格的确定主要有以下方法：

①实绩法：参考过去的实际购价，算出欲购底价的方法。

②目标价格：从产品的卖价逆算采购品所须有的目标单价。

③横向比较法：选出和对象品类似或相同的采购品，调查影响成本的参数（成本变动要因），将参数做横的比较，算出大概希望以何价格购入。

④应用经验法：依据经验丰富的专家经验或感觉，算出价格。

⑤价格比较法：比较两家以上的估价，参考具备有利条件那一家的估价，研究出采购单价。

⑥市场价格法：采购原材料、市场规格品时，参考报纸上的价格版或其他资料，研究出欲购价格。

⑦制造商价格法：参考制造商独自设定提出的规格品价格，算出单价。

⑧实际成本法：作业完成后，按实际成本之检讨，算出单价。

⑨科学简易算定法：将构成单价的各要素分别加以分析，算出欲购单价。

⑩采购价格标准法：追求标准成本价值的成本尺度，按照此成本尺度算出欲购成本。

任务思考

制定补货计划时，采购数量和采购价格及其他相关因素间如何平衡关系？

_____

_____

_____

_____

工作任务二　销售管理

任务2-1　客户信息管理

任务目标

◆ 客户信息管理对于企业来说至关重要，是企业展开后续业务的基础。企业全面、准确、及时地掌握客户信息，可以为企业管理者进行后续决策提供依据。

◆ 对于销售人员来说，有利于与客户建立良好的客户关系，从而提高客户满意度，进一步提升客户转化率，为企业增加经济效益。反之，没有全面准确的客户信息，又会影响判断。

任务背景

某淘宝网店进行了一段时间的经营，为了更好地提高客户满意度，并为后续决策提供依据，对客户信息进行管理。

任务操作

客户信息管理，简单来说就是对客户相关信息的管理，包括客户关系管理、客户信息汇总以及客户数据分析三要素，如图10-2-1所示。

客户信息管理步骤展示如下：

步骤1：记录用户的基本信息，可以包括：姓名、ID、地区、年龄、购买记录、购买时间、购买后的反馈、退换货记录、客户的其他信息（通过交流等获取，如特别的癖好、特别的纪念日、特别的要求，比如以服装为例，是对材质的要求、对版型的要求等等）；

步骤2：在此基础上进行客群分析（第一步记录的是个体行为，针对个体推广时可用），比如你的客群表现出来的集中的特征：如年龄、职业、地区、风格（这个应该和你自己的产品相对应）；

图10-2-1 客户信息管理3要素

步骤3：根据第二步整理分析的数据，可以通过网络或相关方法了解此类人群的其他购物习惯和特点，如对促销的倾向性癖好等，以此可以拓展你的业务范围，如关联性产品销售、促销活动设计等；

步骤4：设计沟通方案：在第一步的资料基础上，针对每个顾客个体建立相关提醒备忘体系，如生日问候、新品推介等等；

步骤5：设计促销方案：在第二第三步基础上，对此类人群进行针对性促销设计，如换季打折、秒杀、团购、满就减、买一送一等等。

任务思考

客户信息管理中，客群分析的信息有哪些，从哪儿来，怎么用？

_____

_____

_____

任务2-2　客户评价管理

任务目标

◆ 客户评价，对于潜在客户和新客户的购买决策起决定性作用。因此，我们需要在了解客户评价的基础上对其进行管理。

任务背景

某拼多多网店进行了一段时间的经营，收到了不少客户评价，现需要对客户评价进行管理，以对新客户的购买决策起正向引导作用。

任务操作

以拼多多为例，交易评价情况如下：

步骤1：客户评价。

用户有权基于真实的交易在订单确认收货之后30天内对商品和服务进行评价；追加评论是买家在收货之后进行了有效评价后的90个自然日内进行追加的评论（追加评论是不可进行修改的，也不会影响店铺的 DSR 评分）。

评价生效时间是在用户进行了评价之后的次日凌晨生效，用户追加评价（即用户收货后30天内）生效时间也是在次日凌晨生效。

交易评价内容。买家评价内容包括"店铺评分"和"评论内容"，"评论内容"包括文字评论和图片评论。

店铺评分内容。店铺评分对于卖家来说就是 DSR 评分（也叫卖家服务系统），由宝贝描述相符、卖家服务态度、物流服务质量三项组成，DSR 评分是一个动态指标，90个自然日会进行一次计算。每个自然月相同用户和商家之间存在多次交易的，店铺评分只会取前面三次，店铺评分是卖家不能进行修改的。

步骤2：评价审核。

拼多多客服可以对用户的评价进行审核，审核后评价才能进行显示，所以并不是所有评价都会进行展示。

步骤3：恶意评价的删除。

一般情况下，客户评价是不能删除的，恶意评价除外。如果出现恶意评价，卖家只需要收集证据向拼多多客服进行申诉，客服审核通过后，会将其评论进行删除，且不会影响店铺DSR评分。

任务思考

客户评价管理中，卖家可以通过哪些操作来减少差评的产生，在出现差评后如何及时进行处理？

_____

_____

_____

_____

任务2-3　销售报表制作

任务目标

◆ 电商日常数据多、变化快，为了让管理者能直观又及时地掌握销售数据并了解销售情况，要求将销售数据制作成报表，并进行必要的分析。

任务背景

某天猫网店进行了一段时间的经营，为了了解前几个月的销售数据，及时掌握销售情况，需要制作销售报表。

任务操作

步骤1：导出系统销售数据。以天猫为例，卖家可以从系统导出一定的交易数据和交易信息（如图10-2-2，10-2-3所示），这些数据和信息不一定能够满足我们销售管理的需要。

图10-2-2　天猫店铺交易数据

图10-2-3　天猫店铺交易信息

步骤2：根据销售管理需要，设计适合店铺数据分析需要的销售报表。表10-2-1提供基础销售报表内容供参考。

表10-2-1　基础销售报表

订单序号	日期	宝贝标题	所属品牌	所属类目	价格	折扣价	销量	销售额

若是卖家更关注客户对店铺的黏性情况（笔数、商品种类、单价、退货率等），可以在基础报表的基础上，加入"客户名称"这一项目，如表10-2-2所示。

表10-2-2　基于客户的销售报表

客户名称	日期	订单序号	宝贝标题	所属品牌	所属类目	价格	折扣价	销量	销售额

总之，卖家可以根据销售管理的需要来定制自己的销售报表，需要哪些信息，就在报表中加入哪些信息，后期再依据需要对销售报表进行分析。

步骤3：将相关数据导入销售报表中，进行进一步分析处理。

任务思考

销售报表所提供的信息中，哪些对于企业管理最为重要，这些信息如何获取并合理使用？

_____

_____

_____

_____

工作领域十一 客户服务

工作任务一 社群管理

任务1-1 建立社群

任务目标

◆ 学员通过本任务的操作，掌握建立社群的方法。

任务背景

随着移动互联网的快速发展，基于互联网的通信方式逐渐普及，受地理空间限制的社群关系逐步跨越时空，拉近了人们之间的距离。同时，带来社群经济的快速发展，社群电商、兴趣型社群、行业型社群等崛起，为互联网经济发展提供了一种新的商业模式。李然是某美妆网店的客服主管，认为自己的企业为了在激烈的互联网竞争中占有一席之地，首要任务是建立自己的社群，将客户拉入微信群等群聊空间中，为下一步产品运营与推广奠定基础。

任务操作

请阅读以下任务资料，根据任务背景，为这家网店建立微信社群。

任务分析：李然是某美妆品网店的客服主管，在网店运营过程中发现店铺的复购率比较高，为了更好地服务老客户，挖掘新用户，李然决定首先将老客户通过微信群聚拢起来，构建社群，通过社群对产品进行分享，交流使用心得，或互相分享有价值的信息等。

创建微信社群时，参照如下步骤进行：

步骤1：明确建立社群的目的。明确目的是开展后续活动的基础，常见的目的有销售产品、提供服务、拓展人脉、聚集兴趣、打造品牌、树立影响力等方面。

美妆品网店建立社群的目的：_____

步骤2：找好社群的定位。通过社群定位的三种决定性因素——产品属性、用户画像、运营目标，思考该网店美妆品的社群定位，填写表11-1-1。

表11-1-1　美妆品社群创立初期的定位

因素	维度
产品属性	
用户画像	
运营目标	

步骤3：制定社群名称、口号及 logo。

社群名字是最为重要的符号，是所有品牌的第一标签和印象，好名字让人容易记住和传播，可以让目标用户快速找到，所以要特别重视。常用的命名思路有核心业务相关、从目标用户的群体入手等方法。

社群口号是能激起群体兴致的简短句子，是浓缩的精华，需要总结提炼。《现代汉语词典》中说，口号是"供口头呼喊的有纲领性和鼓动作用的简短句子"。如"读好书，见牛人，起而行，专于一"、"每天多走一小步，进步不止一点点"等口号。

社群 logo 是视觉传达的基本表现手法，可以围绕核心产品进行设计。常见的社群 logo 有两类，一类是沿用成熟的企业品牌和产品的 logo；另一类是用文字和卡通形象的。填写表11-1-2。

表11-1-2　美妆品社群名称、口号和 logo

社群名称	
社群口号	
社群 logo	

步骤4：创建微信社群。

企业微信创建社群方式之一：利用工作台客户群直接创建或直接发起群聊。

操作路径一：具有客户群使用权限的成员，可以在"客户端"→"工作台"→"客户群"中点击"创建一个客户群"，如图11-1-1所示。

图11-1-1　创建微信客户群操作路径一

操作路径二：手机端进入企业微信主页→点击右上角"＋"符号→发起群聊，进入选择联系人界面，如图11-1-2所示。

图11-1-2　创建微信客户群操作路径二

任务反思

不同的平台创建社群的方法和途径有什么不一样？如钉钉社群等。

_____

_____

_____

_____

任务1-2 推广社群

任务目标

◆ 学员通过本任务的操作，掌握推广社群的方法。

任务背景

社群是一群有相互关系的人形成的网络，在社群中的人有相同爱好或者对某种事物的共同认可，建立社群是为了更好地服务客户群体。建群后，在群的运营推广过程中，最重要的是去激活群的成员，也就是你的目标顾客。最终能够达到的目标是：群的成员能够产生高度的信任、产生高度的依赖。

任务操作

请阅读以下任务资料，根据任务背景，为网店建立微信社群进行推广。

任务分析：李然通过网店前期经营的客户积累，通过一定的方法和手段将网店部分老客户拉入了微信群，建立了一个100人左右的社群。按照网店客户群体来看，微信社群的人数还没有达到目标数量，李然想利用一定的方法拉入更多的用户进入微信群。

推广微信社群的方法主要有以下方式：

步骤1：社群分享。社群分享是提高群活跃度的最有效方式，推广社群需要群有价值，能给目标群体带来效益，美妆产品的社群分享需要有组织地进行，一般有以下环节，如表11-1-3所示。

表11-1-3 社群分享步骤

序号	环节	准备要素	内容设计
1	提前准备	1. 分享人预约 2. 内容质量沟通与审核	
2	反复通知	1. 确定分享时间 2. 拟定通知 3. 活动议程安排	
3	强调规则	1. 分享规则设计 2. 规则提示 3. 助手分工	
4	提前暖场	1. 暖场语言设计 2. 话题诱导	
5	介绍嘉宾	1. 介绍嘉宾资历等信息 2. 嘉宾分享 3. 嘉宾代表作展示	
6	诱导互动	1. 热场语言 2. 安排人员配合互动	
7	随时控场	1. 私聊提醒 2. 禁言或踢人	
8	收尾总结	1. 分享总结 2. 朋友圈等扩散宣传	
9	提供福利	1. 福利准备 2. 福利活动设计	
10	打造品牌	1. 将本次活动整理分享 2. 宣传产品品牌 3. 在相关平台进行宣传	

步骤2：社群讨论。社群讨论是人人都可以参与进来，通过讨论形成高质量的产品价值输出，从而达到推广社群的目的。设计一个关于美妆产品的话题进行讨论，一般有以下环节，如表11-1-4所示。

表11-1-4 社群讨论的步骤

阶段	要素		执行
讨论准备时	Who	组织者	
		配合人	
		小助手	
	What	话题	
		预告	

续表

阶段	要素		执行
讨论准备时	When	预告时间	
		互动时间段	
		讨论时间	
讨论进行中		基本过程	
		诱导互动	
		禁言规则	
讨论结束后		发言汇总	
		活动总结	

任务反思

除了社群分享、社群讨论之外，还有哪些其他的推广方法，并设计相关流程。

_____

_____

_____

_____

任务1-3 推广运营

任务目标

◆ 学员通过本任务的操作，掌握社群运营的技巧。

任务背景

社群营销的基本流程就是：引流—建群—提高活跃度—开展活动—转化变现。社群运营决定了社群的寿命，不经过社群管理的社群很难有比较长的生命周期，在运营的过程中要让社群的成员有仪式感、参与感、组织感和归属感。通过社群有效的价值输出，不断挖掘新客户，稳固犹豫客户、维持老客户，让社群具有良好的生命力。

任务操作

请阅读以下任务资料，根据任务背景，为网店建立的微信社群制定运营策略。

任务分析：李然的美妆社群已经积累了足够的用户群体，但考虑到微信社群每天都会流失一些人员，他为了稳定微信社群内的成员，需要有组织性地做好社群运营，让群内成员获得更多福利，也可以让社群生态变得丰富多彩。

常用的社群运营过程

步骤1：填写人设定位（如表11-1-5所示）。

表11-1-5　人设定位规划表

人设定位规划表		
IP人物	属性	
	功能	
	头像	
	昵称	
	签名	
	背景页	
	个人介绍	

步骤2：社群日常运营维护（如表11-1-6所示）。

表11-1-6　社群日常运营维护执行表

社群日常运营维护执行表				
时间	内容	社群互动	原因	备注
新人入群				
群广告清理				
7点半—8点半				
11点				
13点—16点				
17点—18点				
19点半				
所有展现形式必须：图片＋文字				
实力图				
话题				
晒单领红包				
闲聊时				

续表

社群互动小技巧
互动时把握节奏，文案不要一次性全发出去，保留互动时间，中间间隔1～2分钟
1.××××要发红包啦！ 2.【每天有奖竞猜】第一个答对的伙伴，就能获得红包1个哦～ 【等1～2分钟】 3.提问A（每个答案要有一定的范围） 【等1～2分钟】 4.如果没有人回答可以让托来回答 5.恭喜@**第一个回答正确，请私聊小春春领取红包。接下来是第二个问题，大家准备好了吗？ 【循环2-5】

步骤3：社群运营游戏互动，如图11-1-3所示。

社群游戏有红包、猜成语、扎气球、打地鼠、摇骰子等。通过游戏活跃社群，增加用户黏性和获得感。

红包游戏的玩法：

每周选一天做活动，给手气最佳送一份礼物。

活动流程：在群里提前群发，用发公告的形式使每个人都能知道活动。提醒内容包括：开始时间、内容、奖励方式等。

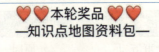

❤️❤️本轮奖品❤️❤️
—知识点地图资料包—

🌟名额:1份

⚠️游戏规则
1️⃣玩游戏的同学，每人发1元钱红包10个人抢
2️⃣谁抢到自己的红包,且是手气最佳,最快把截图发到群里的那位同学,获得资料包(因为不同网速原因,以我手机看到的前一位为准)
3️⃣看清规则,只发1元,必须10人抢!直到最先截图的同学出现!

图11-1-3　社群互动游戏通知

红包游戏的衍生玩法：

逢6、8有奖。规则：主持人发一个红包（人气王）逢6、8得奖；

抢沙发。规则：主持人发一个红包（抢沙发）第一个抢到红包的即抢到沙发即获得胜利。

最佳手气。规则：主持人发一个红包（抢沙发）最佳手气即获得胜利。

幸运红包。规则：主持人发多个数量为"1"的红包，凡抢到名称称为"幸运女神——X"（X

为名词）的，即为幸运儿，得到神秘大奖一份。

安慰奖。规则：抢红包金额最多／少的获得奖品。

任务反思

在社群运营过程中，如何进行线上线下活动精准获取用户？

_____

_____

_____

_____

工作任务二 客户关系管理

任务2-1 设计客户忠诚度计划

任务目标

◆ 学员通过本任务的操作，掌握设计客户忠诚度计划的能力。

任务背景

每个管理者都面临着这样一个现实：产品差异性越来越小，促销手段也大同小异，竞争对手却越来越多，而客户正在变得越来越挑剔。在这种环境下的企业到底该如何生存？但是万变不离其宗，企业获得稳定发展的驱动力还是不外乎三点：运营效率、市场份额和客户保留。而CRM所需要解决的两个重点问题是：提高市场份额，并增加客户保留度。而这两个问题的解决还是要归集到一个核心的问题上，即客户忠诚度的维护与提升。那么，如何维护和提升客户忠诚度呢？

任务操作

请阅读以下任务资料，根据任务背景，为这家电子商务企业制定客户忠诚度管理计划。

任务分析：李然是某服装企业的电商运营主管，企业有自己的线上商城，在各大电商平台也有旗舰店。通过近年来的客户数据分析，李然发现客户的流动性很大，有的客户购买数额很大，但却没再复购。企业也制定了一系列员工和客户激励计划，但成效不明显。客服人员的流动性也很大。经过深入分析，李然发现最根本的问题在于客户忠诚度的管理不规范。为此，他要重新设计一份客户忠诚度管理计划，以提高市场份额，并增加客户保留度。

要设计客户忠诚度管理计划，需要从以下几个步骤着手。

步骤1：建立员工忠诚，分析员工忠诚出现的问题并及时给予纠正。有一个不争的事实：具有高层次客户忠诚度的公司一般同时也具有较高的员工忠诚度。如果一个企业的员工流动率非常高，该企业要想获得一个较高的客户忠诚度，那简直就是不可能的；因为客户所获得产品/服务都是通过与员工接触来获得的。因此，客户忠诚的核心原则是：首先要服务好你的员工，然后才有可能服务好你的客户。根据分析，填写表11-2-1。

表11-2-1　员工忠诚分析

员工流动情况分析	
员工薪资情况分析	
员工激励方式分析	
员工成长渠道分析	

步骤2：确定客户价值取向。要提升客户忠诚度，我们首先要知道哪些因素将影响客户的取向。请找出影响客户价值取向的因素，并依据影响因素与客户期望值的比较，确定客户价值。根据分析，填写表11-2-2。

表11-2-2　客户价值取向分析

影响因素	期望值	大于或小于	确定客户价值
产品的质量或数量			
产品的可靠度			
产品的适应性			

步骤3：客户价值计算与分析。

假定一个客户在该企业每星期消费一次，平均每次消费50元，以平均客户生命周期10年来计算客户价值的大小（以销售额来计算），如果该客户对这家企业提供的服务满意，那他可能将自己的满意告诉另外5个人；如果不满意，则可能将其抱怨告诉另外10人，假定所有听到赞美或抱怨的人均有20%转换率，或增加了企业的忠实客户，或失去相应数量的忠实客户。将计算结果填入下表，并进行必要的分析。请填写表11-2-3。

表11-2-3　客户价值动态分析

价值类型	客户基本价值（元）	满意客户的新增价值（元）	抱怨客户的价值损失（元）
计算公式			
价值大小（销售额）			
分析结论			

步骤4：设计客户忠诚度计划。依据以上分析，完成客户忠诚度计划的设计与撰写。

任务反思

根据以上分析，提出提升客户忠诚度的方法。一个全面的"顾客忠诚度计划"必须包括哪些方面？

_____

_____

_____

任务2-2　客户挽回策略

任务目标

◆ 学员通过本任务的操作，掌握制定客户挽回策略的能力。

任务背景

电子商务时代，客户获取信息的渠道越来越多样化，客户面对的诱惑也越来越多，因此，客户会流失也是难以避免的。但客户资源的争夺往往是企业提升市场竞争力必不可免的重要环节。如何有效地防止大客户流失，减少因客户流失而给企业收入造成的不良影响，是当前许多电商企业都十分关注的问题。面对可能因种种原因而流失的客户，应该如何挽回呢？

任务操作

请阅读以下任务资料，根据任务背景，为这家电子商务企业制定流失客户挽回策略。

任务分析：李然是某服装企业的电商运营主管，企业有自己的线上商城，在各大电商平台也有旗舰店。近期的销售数据显示，客户流失正在呈现上升趋势，这不得不引起李然的重视。

为此，他需要着实实施流失客户的挽回策略，减少客户流失，增加客户保护度。

要制定挽回流失客户的策略，需要从以下几个步骤着手。

步骤1：分析客户流失的原因。经过分析，客户流失的原因主要有表11-2-4几种情况，请对其进行具体分析，并填入表格右栏。

表11-2-4　客户流失原因分析

客户流失原因	具体分析
1.企业内部员工流动导致客户流失	
2.客户遭遇新的诱惑	
3.市场监控不力，销售渠道不畅	
4.缺乏诚信	
5.细节的疏忽使客户离去	
6.没有做好市场调查，不能及时了解市场状况	
7.企业自身问题	
8.企业内部服务意识淡薄	
9.营销策略组合不当	
10.企业文化中缺少务实精神	
11.企业管理不平衡，令中小客户离去	
12.店大欺客，客户不堪承受压力	
13.企业的短期行为影响客户利益	

步骤2：针对以上原因，制定挽回流失客户的策略，如表11-2-5所示。

表11-2-5　挽回流失客户的策略

策略	具体做法
1.找回流失的客户	（1）设法记住流失的顾客的名字和地址。 （2）在最短的时间用电话联系，或直接访问。访问时，应诚恳地表示歉意，送上鲜花或小礼品，并虚心听取他们的看法和要求。 （3）在不愉快和不满消除后，记录他们的意见，与其共商满足其要求的方案。 （4）满足其要求，尽量挽回流失的顾客。 （5）制定措施，改进企业工作中的缺陷，预防再次发生。 （6）想方设法比竞争对手做得更多、更快、更好一些。
2.为客户供高质量服务	为客户提供服务最基本的就是要考虑到客户的感受和期望，从他们对服务和产品的评价转换到服务的质量上。找准了基本点，与客服部一起设计一种衡量标准，以对服务质量做个有效的考核。

续表

策略	具体做法
3. 保证高效快捷的执行力	要想留住客户群体，良好的策略与执行力缺一不可。许多企业虽能为客户提供好的策略，却因缺少执行力而失败。在执行中，一切都会变得明确起来。面对激烈的市场竞争，管理者角色定位需要变革，从只注重策略制定，转变为策略与执行力兼顾。以行为导向的企业，策略的实施能力会优于同业，客户也更愿意死心塌地地跟随企业一起成长。
4. 加强企业管理，提升企业形象	即企业通过加强内部自身管理和外部客户管理，来赢得更多的客户与市场，获得更大的经济效益与社会效益。通过有效的管理，在客户和社会公众中树立、维持和提升企业形象。良好的企业形象既可以创造顾客消费需求，增强企业筹资能力，又可以改善企业现状，开拓企业未来。
5. 严把产品质量关，为客户提供高质量产品和服务	产品质量是企业为客户提供有力保障的关键武器。企业应提供令客户满意的产品和服务。这就要求企业必须识别自己的客户，调查客户的现实和潜在的要求，客户购买的动机、行为、能力，从而确定产品的开发方向与生产数量，进而提供适销对路的产品来满足或超越他们的需求和期望，使其满意。
6. 不断进行创新	面对瞬息万变的市场环境，面对个性化、多样化的顾客需求，面对优胜劣汰的游戏规则，企业唯有不断地创新、创新、再创新，才能赢得更多的客户，并持续地发展与壮大。
7. 加强与客户的信息即时互通	在管理上最重要的是与客户沟通，提供知识信息，让企业的服务或营销人员控制协调好客户关系，传达好客户的要求、意见。这就需要企业员工要有较高的职业素养，和对市场的敏感，以及丰富的管理技巧。
8. 实行快速响应客户的战略	企业要想持续地保持客户，那么在与客户合作时，对于客户提出的要求、问题、意见或建议等，都应及时地做出回应，在合理的情况下，尽量满足客户需求。即使无法达到客户要求，也应及时地给予客户答复，而不应让客户长时间等待。

任务反思

进行客户维护时，并非所有流失的客户必须都要挽回，你能说说什么样的客户只能彻底放弃？

_____

_____

_____

_____

工作领域十二　商务数据分析

工作任务一　电子商务数据加载

任务1-1　Excel 中添加"数据分析"加载项

任务目标

◆ 要想开展数据分析，就要涉及数据分析的工具，常用的数据分析工具包括 Excel、SPSS、SAS、Python、R 语言等，其中 Excel 中涵盖了大部分数据分析功能，能够有效地对数据进行整理、加工、统计、分析及呈现。掌握 Excel 的基础分析功能，就能解决大多数的数据分析问题。

◆ Excel 被广泛运用到很多领域，例如企业日常运营、商业预测等等，如需开展较复杂的统计或数据分析，Excel 可以被当作一款入门的数据分析软件，使用 Excel "数据分析"加载项的分析工具可以节省大量数据分析操作步骤和时间，对于刚进入数据分析行业的新手来说也更容易掌握。因此，小王计划给 Excel 中加载分析工具库加载宏程序，然后进一步认识各分析工具。

任务背景

　　小王是一名电子商务专业刚毕业的学生，入职电商企业不久，部门经理安排小王对 Excel 中的数据分析功能进行简单了解，以备后续工作所需。

288

任务操作

一般情况下，Excel是没有加载数据分析库的，需要用户自行加载安装，具体安装步骤如下：

步骤1：选择加载项。

打开Excel，点击"文件"选项卡，进入"文件"功能区，如图12-1-1所示。

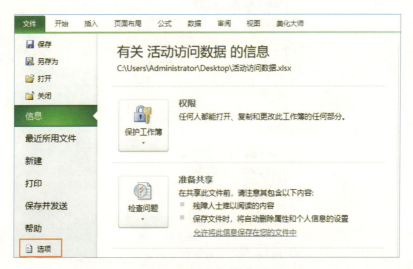

图12-1-1 Excel"文件"功能区

单击"选项"按钮，在弹出的Excel选项框中点击"加载项"按钮，如图12-1-2所示。在加载项对话框里找到"管理"功能区，点击其下拉列表，选择"Excel加载项"，并单击"转到"按钮，即可弹出"加载项"对话框。

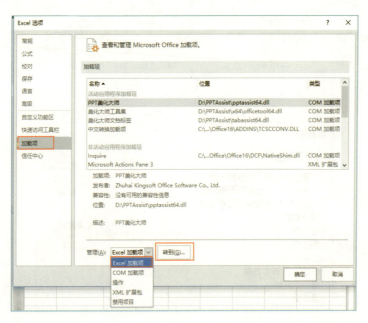

图12-1-2 Excel加载项窗口

步骤2：添加数据分析工具。

如图12-1-3所示，在对话框中选中"分析工具库"、"分析工具库 –VBA"（分析工具库的编程加载项），点击"确定"按钮，即可完成"数据分析"加载项的添加。

图12-1-3　Excel 加载宏窗口

学员以个人为单位完成"数据分析"加载项的添加，添加后的效果如图12-1-4、图12-1-5所示。学员可以点击数据分析工具库窗口右侧的"帮助"按钮对各分析工具进行初步了解。

图12-1-4　完成数据分析工具添加

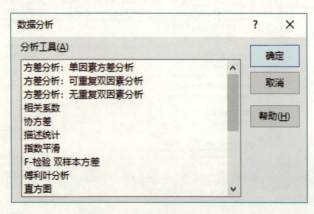

图12-1-5　数据分析工具库窗口

任务思考

查看直通车后台功能，列举哪些模块可以采集网店的销售数据，并说明如何采集。

_____

_____

_____

_____

任务1-2　数据分析工具应用

任务目标

◆ 流量对于电子商务企业极为重要，访客数作为其中一个重要指标需要重点关注。在店铺日常运营过程中，需要根据每月的访客情况进行数据统计，使运营人员能够监控到访客量变化，查看店铺访客异常情况，从而为制定、调整营销策略做辅助。

任务背景

某线下实体店自9月1日开始转战电子商务平台，营业一个月内每天店铺销售额和销量一直不高，部门经理通过分析历史销售数据发现，线上进店的客户中产生购买的客户占比，即成交转化率数据高于行业平均水平，影响销量的主要原因是访客数较低。为了了解9月访客数的整体情况，部门经理安排小王对9月店铺访客数的总体特征及数据内部规律进行分析。

任务操作

在Excel中进行数据的描述性统计分析，可以借助数据分析按钮中的"描述统计"分析工具对数据进行描述性统计分析。其操作步骤及关键节点成果展示如下：

步骤1：数据获取。

学员点击小王所在企业9月份的店铺数据原始表，获取数据表后，学员以个人为单位，根据任务背景选择需要分析的数据指标和数据维度，对数据进行初步整理，将访客数相关的数据添加至Excel工具中，添加后的效果如图12-1-6所示。

图12-1-6　原始数据表整理

步骤2：数据整理。

根据任务背景可知，该店铺在9月1日开始营业以来，积累了一定的访问数据，现预对访问数据进行描述性统计分析，统计访问量的均值、区间等数据值，借此来作为分析每天访问量价值的一个参考依据。在原始数据表中可知店铺PC访客数、无线端访客数、新访客数，学员需要通过数据求和的方式对店铺各渠道访客数进行计算，操作结果如图12-1-7所示。

统计日期	PC访客数	无线端访客数	新访客数	访客数
2019/9/1	3	889	892	892
2019/9/2	11	966	883	977
2019/9/3	24	820	762	844
2019/9/4	26	922	828	948
2019/9/5	18	918	838	936
2019/9/6	26	977	872	1003
2019/9/7	12	866	776	878
2019/9/8	10	849	745	859
2019/9/9	9	861	767	870
2019/9/10	9	808	726	817
2019/9/11	10	730	663	740
2019/9/12	7	800	738	807
2019/9/13	10	812	748	822
2019/9/14	8	596	540	604
2019/9/15	3	676	622	679
2019/9/16	8	644	600	652
2019/9/17	13	558	509	571
2019/9/18	7	531	477	538
2019/9/19	12	582	527	594
2019/9/20	4	615	557	619
2019/9/21	8	598	559	606
2019/9/22	5	535	483	540
2019/9/23	9	528	489	537
2019/9/24	8	595	547	603
2019/9/25	5	566	507	571
2019/9/26	16	572	512	588
2019/9/27	8	564	511	572
2019/9/28	9	626	573	635
2019/9/29	6	588	543	594
2019/9/30	10	650	601	660

图12-1-7　访客数数据计算

步骤3：数据描述性统计分析。

选中"访客数"数据列，在"数据分析"对话框中选中"描述统计"分析工具，根据任务背景在弹出的"描述统计"对话框中完成各类参数的设置，结果如图12-1-8所示。

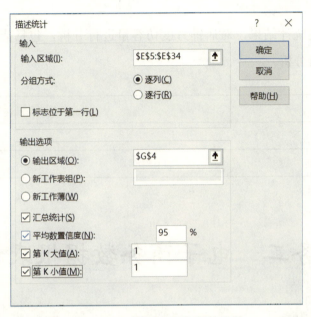

图12-1-8　"描述统计"属性设置

完成"描述统计"的设置后，点击"确定"按钮，描述统计结果就会在设定的输出区域展示，展示结果如图12-1-9所示。

访客数	
平均	718.5333333
标准误差	27.67229135
中位数	656
众数	571
标准差	151.5673819
方差	22972.67126
峰度	-1.324523738
偏度	0.457392441
区域	466
最小值	537
最大值	1003
求和	21556
观测数	30
最大(1)	1003
最小(1)	537
置信度(95.0%)	56.59619054

图12-1-9　描述统计结果

步骤4：对描述性统计结果进行分析。

通过以上的描述性统计分析，由数据结果可以得到数值的大体特征。

任务思考

针对图12-1-9描述统计结果，对店铺月度访客量进行分析，包括店铺访客数的平均水平、访客数的分布情况进行分析。

_____

_____

_____

_____

工作任务二　电子商务数据报表设计制作

任务2-1　基础数据图表制作

任务目标

◆ 在电子商务运营过程中，电商企业需要及时总结上一年的销量变化，通过分析销量的变化趋势，找出其中存在的问题，并指导制定下一年的销售目标或生产量。

任务背景

临近年关，某小家电品牌线上店铺的运营主管计划制作年度数据报告，为了使报告结构清晰，并且直观展现其中的关键数据，主管安排小何统计2018年度每个季度的小家电销量，并将2018年总销量与之前三年的销量分别进行比较，并选择合适的图表类型进行呈现。

任务操作

年度销量分析旨在展示销量随时间变化的趋势，是呈现上下波动、增长还是下降的趋势，据此判断电子商务企业的运营状况，预测发展趋势。在各种图表类型中，折线图相对来说比较适合展示数据的趋势关系，因此，小何决定制作折线图来呈现2018年各个季度销量变化及

2015—2018年每年的销量增长率，据此全面分析2018年的销量情况。

一、2018年各个季度销量折线图制作

制作销量折线图，用于分析2018年电商企业的销售状况，其操作步骤及关键节点成果展示如下：

步骤1：数据获取。

学员点击小何统计出的所在企业2018年各个季度的销量数据。学员以个人为单位，将获取到的数据添加到Excel工具中，添加后的效果如图12-2-1所示。

	A	B	C	D
1	2018年第1—4季度销量汇总（单位：台）			
2	第1季度	第2季度	第3季度	第4季度
3	1820.00	1198.00	2120.00	2585.00

图12-2-1　数据添加至 Excel 后的效果

步骤2：制作折线图。

学员在数据表中选择 A2：D3 单元格区域，选择"插入"选项卡，在"图表"列表中单击"折线图"下拉按钮，选择"带数据标记的折线图"，插入图表，如图12-2-2所示。

步骤3：插入趋势线。

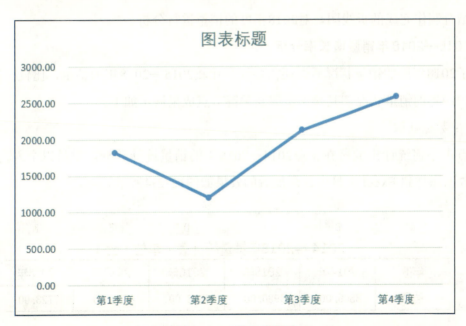

图12-2-2　插入折线图

为了在图表中更清晰地显示2018年的总体趋势，需要插入线性趋势线，学员点击图表，选择"设计"选项卡，点击"添加图表元素"下拉按钮，选中"线性"，操作后的效果如图12-2-3所示。

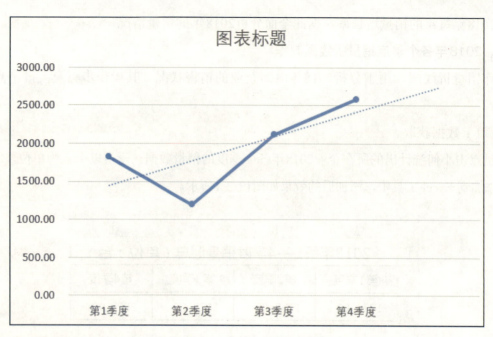

图12-2-3　插入趋势线

步骤4：完善图表要素并进行美化。

学员为制作的折线图补充图表要素，包括图表标题、图例、数据标签等，并结合图表美化的要点，从数据墨水比最大化、颜色、数字格式等方面进行美化设计。

步骤5：年度销量分析。

学员结合制作完成的折线图，对2018年度的销量进行分析。

二、2015—2018年销量增长率分析

了解了2018年度的销量状况后，还需要综合比较2015—2018年的销量，比较同比增长率，据此预测2019年的销量状况，其操作步骤及关键节点成果展示如下：

步骤1：数据获取。

学员点击小何统计出的所在企业2014—2018年的销量统计数据。学员以个人为单位，将获取到的数据添加到Excel工具中，添加后的效果如图12-2-4所示。

	A	B	C	D	E	F
1		2014—2018年销量统计表（单位：台）				
2	年份	2014年	2015年	2016年	2017年	2018年
3	销量	3506.00	3990.00	4503.00	6534.00	7723.00

图12-2-4　数据添加至 Excel 后的效果

步骤2：计算环比增长率。

学员结合环比增长率的计算公式分别计算2015—2018年度的环比增长率。计算完成后，设置单元格格式，如图12-2-5为计算出的2015—2018年环比增长率。

	A	B	C	D	E	F
1	2014-2018年销量统计表（单位：台）					
2	年份	2014年	2015年	2016年	2017年	2018年
3	销量	3506.00	3990.00	4503.00	6534.00	7723.00
4	环比增长率		13.80%	12.86%	45.10%	18.20%

图12-2-5　计算环比增长率

步骤3：制作双 Y 轴折线图。

因需要在图表中同时展现2015—2018年销量及环比增长率变化趋势，需要制作双 Y 轴折线图，学员选中2015—2018年的相关数据，插入图表，得出如图12-2-6所示的图表。

图12-2-6　制作的双 Y 轴折线图

步骤4：完善图表要素并进行美化。

为了使图表内容更加清晰，学员需要完善图表要素并进行美化，美化后的图表如图12-2-7所示。

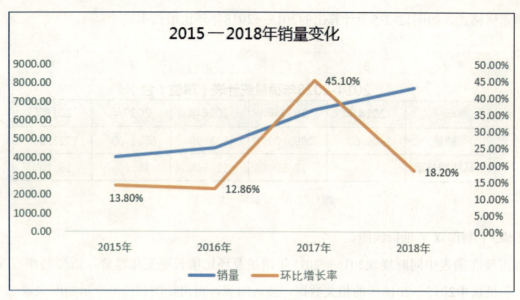

图12-2-7　美化后的图表

步骤5：销量增长率分析。

学员结合制作完成的折线图，对2015—2018年度的销量及环比增长率进行分析。

任务思考

除了折线图，数据分析中常用图表还有哪些？试说明每种图表的特点。

_____

_____

_____

_____

任务2-2　基础数据报表制作

任务目标

◆ 电子商务企业在日常运营过程中，需要及时统计相关运营数据，形成日、周、月报表，既有利于领导层了解经营状况，同时可为运营人员的日常经营分析提供参考数据。

任务背景

某电商品牌新入职运营人员被领导安排制作数据报表，重点围绕日常运营数据展开，记录店铺每日数据变化，并汇总数据，进一步形成周、月报表。

任务操作

　　制作数据报表前需要明确需求，确认报表的大纲，即在报表中需要呈现哪些数据维度，并根据确定的维度选择其中重要的数据指标呈现在报表框架中。因电商运营每日会产生大量数据，全部呈现在报表中不仅工作量巨大，也会使得报表数据庞杂，重点模糊，很难应用于具体工作中，因此需要有目的地呈现重要数据。完成数据指标的选择及报表框架的搭建后，运营人员将每日采集的数据导入，即可完成日常运营数据报表的制作。

　　制作日常运营数据报表，其操作步骤及关键节点成果展示如下：

　　步骤1：明确制作数据报表的需求。

　　学员点击获取数据。报表分为日、周、月报表，运营人员此次制作的是运营日报表，是对电子商务企业每日重要数据指标的汇总统计，是数据化运营的基础，也可以指导日常工作的开展。因该电商品牌已有一定规模，所以利用数据提升整体营运水平是关键。

　　步骤2：构思报表的大纲并进行数据指标的选择。

　　企业在运营过程中产生的运营数据包括客户数据、推广数据、销售数据、供应链数据等维度，在制作报表时要围绕这些维度展开，学员从中选取重要的数据指标，如图12-2-8所示。

推广	访客数
	浏览量
	跳失率
	支付转化率
销售	客单价
	销售量
	销售额
	投资回报率（ROI）
	退货金额
客户	客户复购率
	客户留存率
供应链	库存数量
	库存金额
	订单满足率
	平均送货时间

图12-2-8　运营数据指标

　　步骤3：搭建报表框架。

　　确定报表中呈现的数据指标后，学员还需要搭建报表框架。日报表建议采用列表式，各类数据指标按照表头顺序平铺式展示，便于查看。

学员新建Excel工作表，将Sheet1工作表命名为“运营日报表”，随后按照数据维度分别输入选定的数据指标名称及日期，搭建的报表框架如图12-2-9所示。

	A	B	C	D	E	F	G	H	I	J	K	L	M	N	O	P
1	**品牌运营日报表															
2	日期	推广				销售				客户			供应链			
3		访客数	浏览量	跳失率	支付转化率	客单价	销售量	销售额	ROI	退货金额	客户复购率	客户留存率	库存数量	库存金额	订单满足率	平均送货时间（h）
4	2019/9/1															
5	2019/9/2															
6	2019/9/3															
7	2019/9/4															
8	2019/9/5															
9	2019/9/6															
10	2019/9/7															
11	2019/9/8															
12	2019/9/9															

图12-2-9　日报表框架

步骤4：数据采集与处理。

因要统计店铺自身产生的数据，需要进入店铺所在平台的卖家后台，采集实时数据。该电商品牌在淘宝网和京东网都开设有店铺，运营人员需要分别进入天猫和京东卖家后台采集相应的数据。

步骤5：填充数据。

现以淘宝网数据为例，学员扫描二维码将获取运营人员采集的数据，依次将各类数据填充至报表中，如图12-2-10为2019年9月1日和9月2日的日报表。

	A	B	C	D	E	F	G	H	I	J	K	L	M	N	O	P
1	**品牌运营日报表															
2	日期	推广				销售				客户			供应链			
3		访客数	浏览量	跳失率	支付转化率	客单价	销售量	销售额	ROI	退货金额	客户复购率	客户留存率	库存数量	库存金额	订单满足率	平均送货时间（h）
4	2019/9/1	3561	9628	35.69%	2.79%	35.81	88	3151.28	2.42	103.5	25%	48%	1176	29400	0.85	50.42
5	2019/9/2	2987	7567	28.12%	2.54%	29.24	76	2222.24	2.06	87	19%	39%	1100	27500	0.9	50.23
6	2019/9/3															
7	2019/9/4															
8	2019/9/5															
9	2019/9/6															
10	2019/9/7															
11	2019/9/8															
12	2019/9/9															

图12-2-10　填充报表数据

步骤6：美化报表。

为了使日报表的功用最大化，还需要进一步完善报表信息并对报表进行美化。首先，学员需要添加报表的使用说明，分别补充报表的时间维度、适用岗位以及数据来源，如图12-2-11所示。

		推广				销售				客户			供应链		
日期	访客数	浏览量	跳失率	支付转化率	客单价	销售量	销售额	ROI	退货金额	客户复购率	客户留存率	库存数量	库存金额	订单满足率	平均送货时间（h）
2019/9/1	3561	9628	35.69%	2.79%	35.81	88	3151.28	2.42	103.5	25%	48%	1176	29400	0.85	50.42
2019/9/2	2987	7567	28.12%	2.54%	29.24	76	2222.24	2.06	87	19%	39%	1100	27500	0.9	50.23
2019/9/3															
2019/9/4															
2019/9/5															
2019/9/6															
2019/9/7															
2019/9/8															
2019/9/9															

表顶部标题：**品牌运营日报表

【报表使用说明】
1. 使用时间维度：以日为单位
2. 适用岗位：店长、数据分析人员、店铺运营人员
3. 数据来源：生意参谋

图12-2-11 完善报表

随后，学员分别设置报表字体样式、标题填充色等，为了使得统计的数据信息更为直观，学员需要对报表中的重要数据设置数据条，帮助查看某个单元格相对于其他单元格的值。

任务思考

除了日常运营数据报表外，还有哪些常见的数据报表？请举例说明。

_____

_____

_____

_____

工作任务三 电子商务数据统计分析

任务3-1 交易数据分析

任务目标

◆ 在网店经营销售过程中会产生大量的销售数据，这些销售数据对网店的经营策略会有很大影响。通常网店的销售策略是需要根据前期的销售数据和市场变化情况及时调整的，以帮助销售部门实现销售目标。

任务背景

以某网络零售店铺为例，持续记录网店每日的销售金额。由于单日数据存在不确定的起伏，所以建议以周为单位观察销售额情况，统计每周的销售金额。绘制成折线图。如图12-3-1所示，

日期	周数	销售额	客单价	订单量	转化率	访客量
2019年09月02日~2019年09月08日	第36周	25000	82.7	302	3.00%	10077
2019年09月09日~2019年09月15日	第37周	26135	112	233	3.33%	7007
2019年09月16日~2019年09月22日	第38周	18790	116.3	162	2.84%	5689
2019年09月23日~2019年09月29日	第39周	16931	119.7	141	2.95%	4795
2019年09月30日~2019年10月06日	第40周	15790	110	144	3.58%	4010
2019年10月07日~2019年10月13日	第41周	14780	113.5	130	2.46%	5294
2019年10月14日~2019年10月20日	第42周	13190	110.6	119	2.76%	4321
2019年10月21日~2019年10月27日	第43周	12178	109.4	111	3.39%	3284
2019年10月28日~2019年11月03日	第44周	11980	109.1	110	3.81%	2882
2019年11月04日~2019年11月10日	第45周	10414	111	94	2.67%	3514
2019年11月11日~2019年11月17日	第46周	26234	120.4	218	2.61%	8348
2019年11月18日~2019年11月24日	第47周	24130	116	208	2.37%	8777
2019年11月25日~2019年12月01日	第48周	20154	139.1	145	2.87%	5048
2019年12月02日~2019年12月08日	第49周	21708	119.8	181	3.43%	5283

图12-3-1 销售额趋势

可发现网店的销售金额有了明显下降。

除第46周受到"11·11"活动的影响，数据存在波动外，从37周开始到45周，每周的成交金额逐渐下降。针对以上情况，需要及时分析销售金额下降的具体原因，得出结论，并做出相应的调整。

任务操作

进行销售数据分析，首先要明确此次数据分析的目标，然后围绕该目标收集相关的数据，整理并分析相应的数据，找到数据变动的原因，最后调整相关的内容，改善销售情况。

步骤1：确定目标数据。

网店的销售额 = 展现量 × 点击率 × 转化率 × 客单价 = 访客数 × 转化率 × 客单价

网店商品的展现量与商品的搜索排名关系密切。商品的点击率与商品价格、主图设计等有重大关系。展现量与点击率相乘得到点击量，在实际网店经营中，可用数据去重的访客数替代数据存在重复计算的点击量，将更具参考意义。

转化率高低与商品详情页设计、促销活动等息息相关，它反映了网店商品对每个访客的吸引力。在访客数稳定的情况下，提高转化率就能提高网店的销售额，反之，销售额下降。

客单价与商品定价、促销活动等有重大关系，反映平均每个客户（订单）的购买金额。在订单数量基本稳定的情况下，提高客单价就可以提高网店的销售额，反之，销售额下降。

在发现网店整体销售金额出现明显下降趋势后，就要从展现量、转化率、客单价这几个方面整理和观察数据变化原因，发现网店销售过程中存在的问题，并进行及时调整。

步骤2：客单价数据分析。

从公式的最后端往前推，先将对应销售时间区间的客单价数据整理出来，绘制成折线图，如图12-3-2所示。

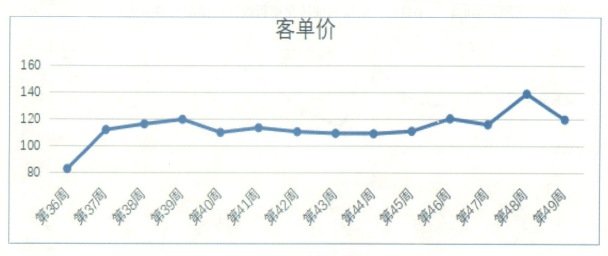

图12-3-2 客单价趋势

从整理出来的客单价数据中可以看到，除第36周（82.7元）和第48周（139.1元）波动较大外，其余几周客单价基本稳定在100～120元的范围内，对比图12-3-1的销售金额趋势，第36周与第48周的数据异常并不是主因。同时，也可以看出，并不存在活动降价或促销导致客单价持续下降的情况。通过以上情况的分析，基本上可以排除掉因客单价下降导致销售金额下滑的可能性。

步骤3：订单量数据分析。

在销售额公式中，去除客单价后，展现量、点击率、转化率三个数据的乘积就是订单数量。在排除客单价影响销售金额的可能性后，整理大致的订单量数据如图12-3-3所示，基本能佐证前面的判断。

图12-3-3 订单量趋势

对比图3的销售金额趋势，在客单价基本稳定的情况下，订单量下降趋势与销售金额下降趋势基本吻合。因此，应在展现量、点击率、转化率三个数据中找到订单量下降的原因。

步骤4：转化率数据分析。

随后，整理店铺的转化率数据，绘制店铺转化率折线图，如图12-3-4所示。

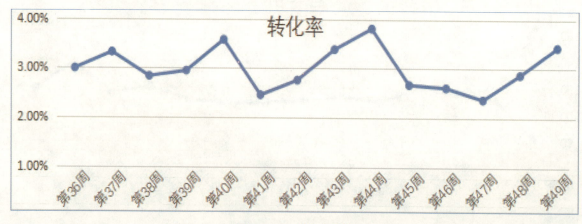

图12-3-4 转化率趋势

可从图12-3-4中观察店铺转化率的数据变化。转化率一直处于2%～4%，虽有一定程度的波动，但基本在3%左右。而且对比图1的销售金额趋势，转化率的波动对销售金额有一定影响，比如第44周至第47周，但并不是销售金额下滑的主因。

步骤5：访客数数据分析。

然后收集和整理第36周至第49周的店铺访客量数据，绘制访客量数据折线图，如图12-3-5所示。

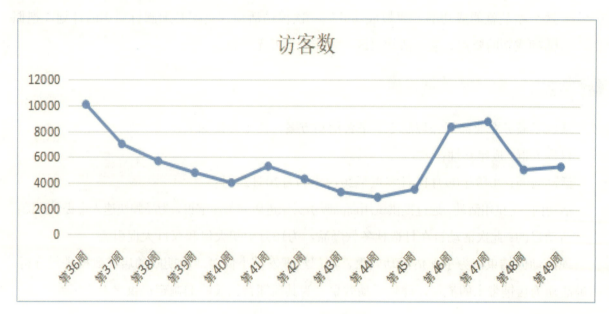

图12-3-5 访客量趋势

对比图12-3-1的销售金额趋势、图12-3-3的成交订单量趋势和图12-3-5的访客量趋势，可以明显发现，这三个数据的变化趋势非常相近。由此可以推断出，由于访客量下降，导致销售金额下降。

步骤6：分析数据变动原因。

在整理和分析了各目标数据后，可以大致得出导致销售金额下降的主要指标是访客量。

任务思考

通过本任务，请分析影响访客量指标因素有哪些，如何提升店铺的访客量。

_____

_____

_____

_____

任务3-2 营销活动数据分析

任务目标

◆ 丰富的促销活动的确能非常有效地吸引买家的目光，但是促销活动绝不是随便打个折、送个赠品就能成功的。要想成功开展一次促销活动，卖家必须制订周详的计划，把握活动成功的要点、避开活动误区，才能做到万无一失。

任务背景

某电子商务企业部门经理制定了平台活动方案，活动方案如下：

目标人群：成年女性；

活动时间：2019年09月16日零点至2019年09月20日24时；

活动内容：试用活动，通过提供试用商品吸引买家进店并关注宝贝，为品牌快速入市提供帮助；

活动目的：此次活动旨在打造秋冬款爆品，为10月中旬大促和双11大促引流。

现活动已结束，为了评估活动效果，部门经理安排小何对活动期间的店铺数据进行分析，明确活动为店铺带来的流量，评估活动效果，为其后期营销策略的制定提供参考。

任务操作

活动策划都是有目的性的，分析本任务，我们可以明确，本营销活动的目的是在于拉新。那么我们需要明确以下几个任务目标：1.明确活动效果；2.明确各渠道流量占比；3.明确各渠道流量转化率；4.明确营销活动对拉新的效果。

营销活动效果分析的操作步骤及关键节点如下：

步骤1：数据获取。点击下表或进入平台后台"流量分析－流量趋势"，获取网店活动流量数据，如图12-3-6所示。

日期	浏览量	访客数	跳失率	人均浏览量	平均停留时长	店铺加收藏人数	加购点击次数	下单转化率	浏览-支付转化率	客单价	新访客占比	新买家占比
2019-09-12	432	209	0.569378	2.06699	30.14833	17	37	0.014706	0.014706	14.27	0.799043	1
2019-09-13	426	215	0.562791	1.9814	34.9907	19	29	0.038835	0.029126	7.43	0.772093	1
2019-09-14	683	354	0.635593	1.92938	32.23164	21	40	0.011494	0.014368	9.55	0.875706	1
2019-09-15	1168	570	0.603509	2.04912	33.5807	37	66	0.033688	0.02305	6.27	0.912281	1
2019-09-16	6118	3208	0.562656	1.90711	22.16926	273	252	0.005054	0.004738	12.28	0.80985	1
2019-09-17	2539	1410	0.620567	1.80071	24.37872	116	92	0.00504	0.00504	12.05	0.797163	0.85714
2019-09-18	1899	1020	0.581373	1.86177	26.32549	81	88	0.002991	0.002991	16.69	0.787255	0.66667
2019-09-19	2290	1268	0.619874	1.80599	23.8265	85	108	0.004003	0.004003	15.13	0.780757	1
2019-09-20	1509	755	0.569536	1.99868	26.04768	45	91	0.016151	0.016151	12.79	0.810596	0.91667
2019-09-21	2331	1301	0.588778	1.7917	23.26441	64	92	0.004736	0.004736	13.74	0.790161	1
2019-09-22	1753	996	0.609438	1.76004	19.09337	53	63	0.008282	0.007246	16.52	0.767068	1

图12-3-6 活动期间流量数据

步骤2：活动流量分析。对活动期间访客数、加购人数、收藏次数进行分析，明确活动期间流量变化。根据图形可视化需要，更改系列图表类型，如图12-3-7、图12-3-8所示。

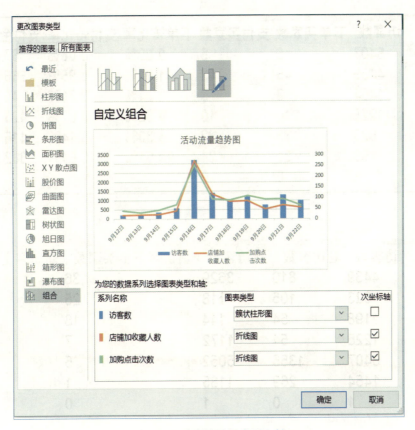

图12-3-7 更改图标类型和轴

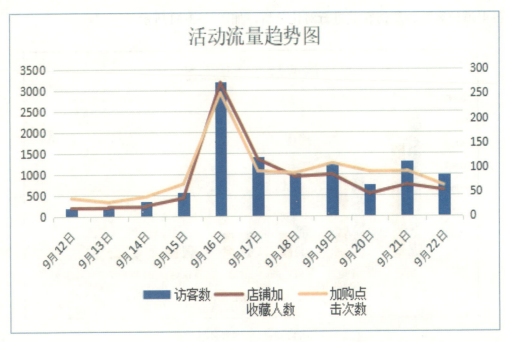

图6-3-8 活动推广效果

步骤3：活动流量结构分析。扫码或进入平台后台"流量分析－流量来源去向"，获取流量数据，按照流量来源对数据进行分类，明确各渠道数据占比，如图12-3-9、图12-3-10。

	访客数	下单买家数	支付买家数	下单转化率	支付转化率	支付金额	客单价
频道	6407	6	5	0.09%	0.08%	67.62	13.52
其他	4439	45	42	1.01%	0.95%	566.67	13.49
平台首页	1454	3	3	0.21%	0.21%	46.15	15.38
搜索	1226	10	10	0.82%	0.82%	123.36	12.33
买家后台	623	33	32	5.30%	5.14%	416.25	13
购物车	198	21	21	10.61%	10.61%	302.91	14.42
收藏夹	1	0	0				

图12-3-9　各渠道推广数据

渠道	访客数	老访客数	新访客数	新访客下单买家数	新访客支付买家数
其他	4439	810	3629	36	34
买家后台	623	105	518	25	25
购物车	198	54	144	18	18
搜索	1226	54	1172	7	7
频道	6407	1355	5052	5	4
平台首页	1454	269	1185	1	1
收藏夹	1	0	1	0	0

图12-3-10　各渠道新老访客数据

对各渠道访客数、新访客数进行对比分析，如图12-3-11所示。

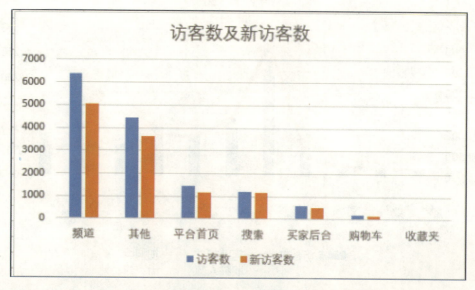

图12-3-11　访客分析

对访客、新访客的下单数进行分析，如图12-3-12所示。

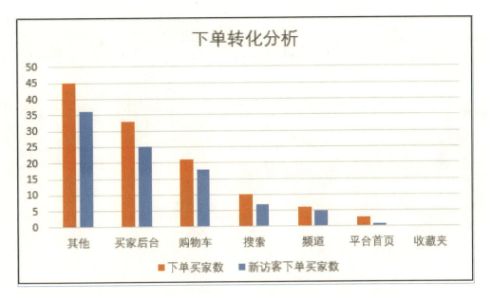

图12-3-12　下单转化分析

任务思考

根据以上的图表，请对此次营销活动效果进行总体分析。

_____

_____

_____

_____